KB202334

선생님은 너를 응원해!

선생님은
너를
응원
해!

내 맘 알아주는 선생님과 떠나는
갈팡질팡 고민 타파 여행

정병오 지음

홍
성
사

차례

프롤로그: 여행을 시작하며

지수야!

기독교인 학생으로서 학교에서 느끼는 네 고민이 가득 담긴 편지를 읽고 무척 반가웠단다. 너로서는 힘에 겨워 쓴 편지를 보고 '반갑다'는 내 반응이 뜨악하겠지. 하지만 신앙의 눈으로 자신이 부딪히는 문제들에 대해 진지하게 고민하는 아이들이 많지 않은 현실에서 너처럼 고민하는 아이를 만난 게 반가웠어.

지수야!

네가 가진 고민들을 호소할 데를 찾다가, 기독교사들의 연합모임인 '좋은교사운동'을 찾았다고 했지? 좋은교사운동 대표 메일로 온 네 편지를 읽고 어떻게 답을 해야 할까 잠시 고민했어. 그러다가 좋은교사운동 대표로서 주는 공식적인 답보다는 20여 년 동안 '선생님'이라는 이름으로 네 또래 학생들과 울고 웃으며 보낸 시간들을 떠올리며 답을 주는 게 좋겠다는 생각이 들었어.

그럼 먼저 내 소개를 해야겠지. 그래야 너도 네 이야기를 편하게 풀어낼 수 있을 테니까. 또 어쩌면 선생님이 살아온 삶에서 네 질문에 대한 답을 찾을 수 있을 것 같기도 하네.

나는 1988년 처음 학교 선생님으로 발령을 받았어. 그러니까 네가 태어나기도 전이지? 사실 나는 사범대학에 다니고 있었지만, '선생님'이라는 직업에 소명 같은 것은 느끼지 못하고 있었어. 다만 기독 대학생으로서 시대의 모순과 아픔을 어떻게 풀어야 할까 하는 고민으로 가득 차 있었지. 그래서 대학을 졸업하면서 이렇게 기도했어.

"하나님, 저를 우리 시대 모순의 핵심으로, 가장 아파하고 힘들어하는 사람 곁으로 보내 주세요. 복음으로 그 모순과 아픔을 치유하는 삶을 살고 싶어요."

그런데 당시 나는 우리 시대 모순의 중심지가 어디인지, 그리고 가장 많이 아파하고 힘들어하는 사람이 누구인지 알기가 어렵더구나. 그래서 일단 교직에 나가기로 하고 학교에 발령을 받았지. 첫 발령을 받은 곳이 서울 청운중학교라는 남자 중학교였어. 지금도 가끔 그 시절을 떠올리면 흥분될 정도로 소중한 깨달음과 추억을 안겨 준 곳이지.

흔히 선생님들은 남자 중학생들과 소통하기를 힘들어

해. 세대가 다른 네 또래 아이들이 무슨 생각을 하는지 알기가 어렵거든. 남자아이들이 자기 표현에 미숙하기도 하고 말이야.

이런 어려움을 극복하려고 내가 시도한 것이 '모둠일기 쓰기'였어. 지금도 모둠일기를 쓰는 선생님이 있을 거야. 6-7명이 한 모둠이 되어 한 권의 일기장에 돌아가며 일기를 쓰는 거지. 그러고는 조회시간에 간밤에 학생들이 쓴 일기장을 거뒀다가 선생님의 답글을 달아서 종례시간에 나눠 주었단다.

중학교 남학생들의 일기라는 게 너무 뻔하더구나. "아침에 일어났다. 아침밥을 먹고 학교 갔다 와서 게임하다가 잤다"는 식의, 두세 줄 정도의 무성의한 내용들이 대부분이었어. 하지만 난 그런 일기 밑에 열 줄 정도의 성의 있는 답글을 달아 주었지. 무슨 열 줄이나 쓸 말이 있었냐고? 글쎄, 아이들이 성의 없이 쓴 글이라 하더라도 그 글을 자세히 보고, 또 그 글을 쓴 아이의 얼굴과 평소 생활을 떠올리니 쓸 말이 떠오르더구나.

아이들의 일기에 정성을 담은 긴 답글을 적어 주자, 일기 내용이 조금씩 변하더구나. 우선 일기의 분량이 조금씩 길어질 뿐 아니라 그 속에 진심이 담기기 시작했어. 학교생활을 함께하면서 나에 대한 신뢰가 쌓이자 아이들도 일기장에 자기 마음을 더 담기 시작했지.

　아이들이 일기장에 자신의 마음 깊은 곳에 있던 고민과 아픔을 담기 시작하면서 또 다른 문제가 생겨났어. 무슨 문제냐고? 아이들은 나를 믿고 자기 문제를 풀어내는데, 그럴수록 내가 답을 달기 어려워지기 시작한 거야.

　예를 들어, 지금 중학교 2학년에 불과하지만 벌써부터 대학에 못 가면 어떻게 해야 하나 고민하는 일기를 접했어. 무슨 말을 써주어야 할지 고민되더구나. 물론 뻔한 답을 할 수도 있었지.

　"얘야! 쓸데없는 생각 말고, 4년 정도 공부에만 집중해라. 대학만 가면 모든 것이 해결된단다."

　하지만 이런 답을 쓸 수는 없었어. 청소년 시기엔 많은 고민이 생기는데, 그걸 다 무시하고 공부만 하라는 것은 현실적으로 불가능할 뿐 아니라 유익하지도 않다는 걸 잘 알고 있었기 때문이야. 그리고 대학에 가면 대학생이 해야 할 고민과 과제가 있으니, 대학만 간다고 모든 문제가 해결되는 것도 아니라는 걸 경험을 통해 알고 있었기 때문이지.

　이런 상황을 경험하면서 내가 했던 결심은, 아이들에게 뻔한 정답을 주려고 하지 말고 정직한 해답을 주자는 거였어. '뻔한 정답'과 '정직한 해답'의 차이가 뭐냐고? 한마디로 말하기는 어렵지만, 뻔한 정답이란 아이들을 어리게 보고 그 어린 수준에 맞게 상황을 피해 가게 하는 것이지. 반면, 정직한 해답은 아이가 10년 후에 일기를 보더라도 고개를 끄덕일 수 있는 인생의 진리를 담되, 아이들의 이해 수준에 맞게 쉽게 설명하는 것이라고 할까.

그런데 정직한 해답을 주려고 하니, 아이들이 일기에 속마음을 정직하게 드러낼수록 내 고민은 깊어지더구나. 어떤 날은 한 자도 못 쓰고 아이들 일기만 반복해서 읽다가 모든 일기장을 덮어놓고 그 위에 손을 얹고 기도했어.

"하나님! 여기 아이들의 고민이 있습니다. 이 아이들의 고민에 대해 정직한 답을 적어 주고 싶은데, 저는 지혜가 없습니다."

이런 시간이 쌓이면서 놀라운 변화가 일어났어. 아이들이 종례시간을 기다리기 시작하는 거야. 종례시간에 모둠일기장을 나눠 주는데, 그날 일기를 적은 아이는 자신의 일기에 선생님이 어떤 이야기를 적었는지 읽으려고 마음 졸이며 기다리는 거야. 다른 아이들도 친구들의 고민과 선생님의 답을 보려고 서로 돌려 읽으며 이야기하는 분위기가 자연스레 생겨났어.

2년 정도 아이들과 재미있게 모둠일기를 쓰다 보니, 일기장이 수북이 쌓이더구나. 2년째 겨울방학을 맞으면서 이 일기장을 정리해 보고 싶어, 그 방학 동안 아무도 없는 추운 교무실에 혼자 출근해 아이들의 일기를 타이핑하기 시작했어. 자판으로 컴퓨터에 옮겼으리라 생각하겠지? 너흰 컴퓨터 없는 세상을 상상하기 힘들겠지만, 20년 전에는 전동 타자기가 최신 기계였어. 종이를 여러 장 준비해서 주제별로 종이를 바꿔 끼워 가면서 아이들의 일기를 주제별로 분류하며 친 거지. 힘든 작업이었지만 타자기 자판이 또각또각 울릴 때마다 아이들의 모습과 상황이 떠올라 행복했단다.

그렇게 한참 일기를 타이핑하는데, 대학을 졸업하면서 했던 기도가 생각나더구나. 나를 우리 시대 모순의 핵심으로, 가장 많이 아파하고 힘들어하는 사람들 곁으로 보내달라는 기도 말이야. 그 전까진 모순의 중심지가 학교와 아이들은 아니라고 생각했어. 시대의 모순이나 고통 속에 사는 사람들이 내 눈에 보이고 부르심을 받으면, 언제든 학교와 아이들을 떠나 그곳으로 가야겠다는 생각을 하고 있었지.

그런데 아이들의 일기를 정리하고 타이핑을 하면서 학교가 곧 우리 시대 모순의 핵심이며, 아이들이 가장 힘들어하고 아파하는 사람들이라는 것을 느꼈어. 시대의 모순과 고통을 찾기 위해 학교와 아이들을 떠날 필요가 없고, 이 아이들의 아픔에 정직하게 응답하면 되겠다는 생각을 품게 되었지. 그 깨달음을 품고 하나님 앞에 다시 무릎을 꿇었지. 내겐 귀한 소명을 발견한 시간이었다고나 할까?

지수야!

선생님 이야기를 너무 길게 했지? 이렇게 길게 이야기를 한 것은, 선생님이 지난 20년 이상 교사로 있으면서 너희가 느끼는 고통과 아픔에 대해 정직하게 응답하려고 노력해 왔다는 것만을 말하기 위해서가 아니야. 네가 하고 있는 고민이 한창 공부에 집중해야 할 시기에 공부에 방해되는 쓸데없는 짓이 아니라는 것을 말하고 싶었어. 네 고민은 현재의 고민에서 끝나지 않고 네 인생 전체를 통해 풀어 가야 할 숙제란다. 또 너 혼자만의 고민으로 끝나는 것이 아니라, 이 세상 모든 사람의 고민을 끌어안고 있는 것이기도 해. 네 고민들은 하나님이 네게 주신 것이란다. 하나님은 네가 그 고민을 품고 하나님께 나아와 묻고 답을 구해 가는 과정을 통해 너에게 역사하고 계시단다. 또 그 과정에서 너를 성장시켜 가고 계시다는 것도 기억했으면 좋겠어.

자, 그럼 우리 함께 고민들을 하나님 앞에서 풀어 내놓고 해답을 찾아가는 신나는 여행을 떠나자. 어때, 기대되지 않니? 🖊

1부
－
공부

우등생이거나
존재감이 없거나

1. 공부를 잘해야
과연 잘 살까요?

안녕하세요?

저는 OO고등학교에 다니는 지수라고 해요. 잘 알지도 못하는 선생님에게 편지를 쓰려니 무척 떨려요. 그래도 좋은교사운동을 하시는 선생님들이라면 제 고민에 답을 해줄 것 같아서 용기를 냈어요.

고등학생이라서 집에 있든 학교에 있든 공부 열심히 하라는 이야기를 귀가 따갑도록 들어요. 물론 저도 공부를 열심히 하려고 노력하고 있어요.

그런데 공부를 하면 할수록 공부를 왜 해야 하는지 의문이 자꾸 들어요. 수학만 해도 셈만 잘하면 사회생활하는 데 지장이 없는 것 같은데 이렇게 어려운 내용들을 배워서 무엇을 하겠다는 건지 알 수 없어요. 수학뿐 아니라 다른 과목들도 엄청나게 많은 내용을 외우긴 하지만 시험 보고 나면 다 잊어버리고 마는데, 이렇게 외우는 것이 무슨 소용이 있지요?

더구나 요즘은 제 안에 하나님에 대한 신앙이 생기면서 모든 일을 하나님과 연관시켜 생각하는데요. 하나님이 이 쓸데 없는 공부까지 하게 하셨다고 생각하니 화가 날 때가 많아요. 그런데 하나님이 우리에게 쓸데 없는 공부를 시키지는 않겠지요?

부모님이나 선생님들께 공부를 왜 해야 하느냐는 질문

을 많이 했어요. 그런데 돌아온 답들은, 그런 고민할 시간 있으면 그 시간에 하나라도 더 외우라는 거였어요. 지금은 그 공부를 왜 해야 하는지 이해를 못 해도 나중에는 다 이해할 거라 하시는데, 저는 지금 알고 싶어요. 제 성격이 대충 넘어가는 성격이 아니라서 뭔가 마음에 걸리는 게 있으면 이해하고 해결해야 다음으로 넘어갈 수 있거든요.

선생님, 그래도 좋은교사운동은 신앙 좋은 선생님들이 모여 계신 곳이니까, 제 고민을 공부하기 싫어서 하는 쓸데없는 생각이라고 외면하지 않고 답을 해줄 수 있겠죠?

충돌 속에 답이 있다

지수야! 왜 공부를 해야 하는지 답해 달라는 너의 첫 번째 편지를 읽고 우리나라 청소년들이 너와 똑같은 심정이 아닐까 생각했어. 특별히 그리스도인에게 공부가 어떤 의미가 있는지 말해 달라고? 역시 너는 정곡을 피해 가지 않고 핵심 질문부터 시작하는구나.

사실 너희들은 대부분의 시간을 공부를 하면서 보내는데, 왜 해야 하는지 모른다면 공부에 대한 의욕이 생길 수 없겠지. 많은 시간을 쏟고 있는 공부의 의미를 신앙과 연관시키지 못한다면, 그리고 우리의 신앙이 공부하는 일에 아무런 영향을 미치지 못한다면 도대체 그 신앙은 무엇일까 하는 의문이 생기겠지.

그런데 지수야! 네가 이 질문을 던지긴 했지만, 네 속에 답이 없는 건 아닐 거야. 네 스스로 발견했든, 아니면 수없이 들어서 너의 것으로 받아들였든, 네가 가진 답이 네 신앙과 충돌을 일으키기 때문에 이 충돌을 어떻게 해소해야 할지가 네 질문의 핵심이 아닌가 싶어.

어떻게 알았냐고? 그 과정은 너뿐 아니라 많은 믿음의

선배들이 거쳐 간 고민이기도 해. 사실 우리의 많은 생각은 스스로 만든 것이 아니라 부모님이나 선생님, 친구 혹은 많은 언론매체를 통해 형성된 것이란다. 그런 생각은 신앙적인 가치관이 불명확할 때는 아무런 문제가 되지 않아. 그런데 우리가 사춘기를 거치며 하나님을 인격적으로 만나고 성경적인 가치관이 점차 마음속에 자리 잡기 시작하면서 이 세상으로부터 받았던 가치관들과 충돌을 일으키게 되지.

누가 공부를 잘해야 잘 산다고 했죠?

그럼 본론으로 들어가 보자. 지수야! 공부를 해야 하는 이유에 대해 지금까지 수없이 들어왔고, 또 네 안에서 붙들고 있었던 이유는 뭐지? 아마 모르긴 해도 '좋은 대학에 가기 위해서'나 '좋은 직장에 취업하기 위해서' 혹은 '편하게 잘 살기 위해서' 등이 아닌가 싶어. 나도 학교에서 아이들에게 비슷한 질문을 자주 던지곤 해. 중학생 아이들도 대부분 "선생님, 공부 잘해야 잘 살죠"라고 대답을 하지.

얼마 전 인근 고등학교에서 전교 1등 하는 친구에게 공부하는 이유를 물었더니 이렇게 대답하더구나.

"선생님, 저는 솔직히 말해서 한 3년 뼈 빠지게 고생해서 일평생 편하게 살려고 공부해요."

물론 요즘 학교 현실에서 이런 답이라도 하는 아이들은 그나마 삶과 공부에 대한 의욕이 있는 아이들이지. 이 질문에 대해 아무 생각이 없거나 "선생님, 무슨 이유가 있나요. 엄마가 하라니까 하지요"라고 답을 하는 아이들이 더 많으니까. 하지만 이런 대답을 들을 때마다 선생님은 마음이 많이 아프다. 우리 교육이 자신만을 위해 공부하는 이기적인 아이들을 길러내고, 그 아이들이 우리 사회의 지도자가 된다고 생각하면 미래가 어둡게 느껴져. 그리고 아이들로 하여금 공부만 잘하면 모든 것이 해결될 것처럼 이야기하면서 인생의 다른 중요한 가치나 측면들을 다 제쳐두고 공부만 시켰는데, 그 결과는 예상과는 다르지. 실제로 공부가 인생의 문제를 다 해결해 주지는 못해. 이런 상황에서 아이들이 어떻게 인생의 문제를 풀어갈까 생각할 때 마음이 아프고 미안하기도 해.

그래서 공부의 의미에 대한 올바른 신앙적 해답을 이야기하기 전에 가정과 학교, 사회가 가지고 있는 '공부 잘해야 잘 산다'는 개념이 어떻게 생겨났고 얼마나 진실한지, 어떻게 보아야 하는지 검토하고 넘어가자.

먼저 옛 이야기를 하나 들려줄 테니, 잘 생각해 보렴.

옛날에 조물주가 천지만물을 만들어 놓고 보니, 사람들이 살아가는 모습이 불쌍해 보였어. 그래서 신하들을 시켜서 인간들에게 도움을 주기로 했지.

첫 번째 보낸 신하는 농사를 담당한 신하였어. 이 신하가 사람들에게 농사짓는 법을 가르쳐 주니 사람들이 좋아하는 거야. 두 번째 신하는 기계를 담당한 신하였지. 이 신하는 사람들에게 농기구와 수레 등, 다양한 기계를 만들어 주었어. 사람들이 역시 좋아하는 거야. 이런 식으로 다양한 분야의 신하들을 보내서 사람들에게 유익한 것을 가르쳐 주었고, 사람들은 열심히 배워서 도움을 받았지.

마지막 남은 신하는 공부를 담당한 신하였어. 이 신하가 사람들에게 공부를 가르치려고 하자 '공부하면 뭐가 좋아져요?'라고 사람들이 막 묻는 거야. 공부를 하면 분명히 좋은 게 많은데, 딱히 무엇이 좋은지 설명하려니 이 신하도 힘든 거야. 그래서 '야! 그냥 좋은 거니까 열심히 배워!'라고 했더니, 영리한 사람들이 아무도 배우려고 하지 않았어. 결국 그 신하는 사람들에게 공부를 가르치는 데 실패하고 조물주에게 돌아갔지.

사람들에게 공부를 가르치는 데 실패한 이야기를 했더니 조물주가 한 가지 지혜를 주었대. 사람들에게 공부를 하면 돈도 많이 벌고, 출세도 하고, 명예도 얻을 수 있다고 거짓

말을 하라는 거야.

신하는 사람들에게 다시 내려갔어. 그러고는 공부만 잘하면 돈도 많이 벌고, 출세도 하고, 명예도 얻을 수 있다고 떠들어 댔지. 그러자 사람들이 구름 떼같이 몰려들어 열심히 공부를 하는 거야.

조물주와 신하가 한 거짓말, 즉 공부만 잘하면 돈, 명예, 권력을 다 얻을 수 있다는 그 거짓말이 지금까지 내려오고 있는 거래. 지금은 이 말이 누구도 건드릴 수 없는 진리가 되어서 우리 사회를 지배하고 있지. 부모님이든 학교 선생님이든, 이 말에 근거하여 아이들에게 공부를 시키고, 아이들도 이 말을 믿으며 공부하고 있다는 거야.

조물주와 신하의 거짓말이 얼핏 진실이라는 생각이 들지 않니? 이렇게 반박하고픈 친구들도 있을 거야.

"제 주변 친척들만 보더라도 학교에서 공부를 잘 했던 사람들이 다 좋은 직장에 들어가서 안정된 삶을 살고 있는걸요."

지수야! 선생님도 우리 사회에서 공부 잘하는 사람이 나중에 돈, 명예, 권력을 얻을 확률이 높다는 사실을 부정하지는 않아. 다만 공부를 잘해야 돈, 명예, 권력을 얻을 수 있다는 사실이 실제보다 과도하게 부풀려져 있지. 심지어 이 사실이 하나의 신앙처럼 절대화되고 있는 현실에 문제를 제기하고 싶은 거야.

물론 부모님이나 선생님은 아이들에게 열심히 공부하려는 동기를 부여하려고 실제보다 과도하게 강조하는 거야. 아이들도 힘든 공부의 과정을 이겨 내기 위해 그 사실에 필사적으로 매달리지.

그렇지만 부작용도 만만치 않아. 선생님은 '공부 잘해야 잘 산다'는 말이 현실에서 어느 정도 맞는 말인지 정확히 따져 봐야 한다고 생각해. 그래서 사실에 부합하는 만큼의 권위만 부여하고, 이 말이 설명하지 못하는 현실의 여백에 대해서도 생각해 봤으면 해.

성적 우등생이 인생 우등생?

현실에서 '공부 잘해야 잘 산다'는 말이 어느 정도 맞는지 궁금하겠지? 선생님도 궁금해서 여러 자료들을 뒤져 봤는데, 실제 연구는 거의 찾아볼 수 없더구나.

선생님의 경험에 비추어 생각해 보자꾸나. 고등학교를 졸업한 지 30년이 지난 40대 후반인 내 고등학교 동창들을 떠올리며 고등학교 졸업 성적과 현재의 부 정도를 연결해

보는 상상을 하곤 해. 물론 정확한 통계가 될 수는 없지만, 고등학교 때 공부 잘했던 친구가 현재 부자로 있을 확률은 50-60퍼센트 정도야.

고등학교 때 공부를 잘했던 것과 나중에 어른이 되어 부자로 사는 것이 어느 정도 연관이 있긴 하지만, 인생에는 또 다른 변수가 많아. 열심히 공부해야 나중에 잘 산다고 강조하시는 부모님이나 선생님의 이야기들이 어느 정도 일리는 있어. 그러나 그것은 한 측면만 강조하고 또 다른 면은 보여 주지 않은 이야기야.

물론 50-60퍼센트의 연관성이란 결코 낮은 수치가 아니야. 그리고 '공부 잘해야 잘 산다'는 이야기가 100퍼센트 맞는 말은 아니니, 열심히 공부할 필요가 없다는 말을 하는 것도 아니야. 상식과 현실의 관점에서 보더라도 '공부 잘해야 잘 산다'는 이야기는 부족함이 많은 설명이야. 왜 공부해야 하는지를 더욱 설득력 있게 설명할 필요가 있지.

현재 공부를 잘하고 있다 하더라도 공부와 성적 자체가 행복을 보장해 주지 않는다는 것을 기억해야 해. 공부 외에도 갖추어야 할 부분이 많다는 것을 겸손하게 인정하고 배워 가야 하는 거지.

혹 현재 공부를 잘 못한다 하더라도 그것이 자신의 인생에 불리한 요소로 작용할 수는 있지만, 인생을 완전히 결정하는 것은 아님을 기억하면 좋겠어. 인생에는 성적 외에도 중요한 요소가 많거든. 공부를 못한다고 낙망하지 말고 다른 차원에서 노력하면 또 다른 기회들이 열릴 거야.

지수야! 이렇게 이야기를 해도 궁금한 것이 너무 많지? 보다 설득력 있는, 공부해야 하는 진짜 이유가 무엇인지, 공부의 기독교적 의미가 무엇인지 등에 대해서는 다음 편지에서 좀더 이야기할게.

가슴 답답할 때 언제든 메일 보내렴.

2. 공부와 하나님이 무슨 상관이 있나요?

안녕하세요, 선생님!

메일 받고 깜짝 놀랐어요. 바쁘실 텐데 알지도 못하는 저를 위해 성실하게 답을 주셔서 감사해요. 사실 이렇게까지 답을 주실 거라고는 기대하지 않았거든요. 역시 '좋은교사' 선생님은 달라요.

그런데 선생님의 답이 충격적이었어요. '공부 잘해야 잘 산다'는 말은 저를 포함해서 모든 아이들이 신앙처럼 붙들고 있는 말이고, 집에서나 학교에서 날마다 듣는 말이잖아요. 그런데 이 말이 현실에서 50-60퍼센트 정도의 설득력만 있다니! 그렇다면 나머지 40-50퍼센트는 어떻게 되는 거죠?

이제 저와 친구들은 무엇을 붙들고 공부를 해야 하나요? 특별히 그리스도인으로서 공부를 어떻게 대해야 하는지, 열심히 공부해야 하는 분명한 이유를 설명해 주세요.

진실을 보는 눈을 기르자

반갑구나, 지수야!

편지 받고 바로 답을 보내 주어서 고맙다. 많이 혼란스럽다고 했지? 당연히 그럴 거야. 당연시하던 것들이 깨어질 때 누구나 많은 혼란을 겪게 되지. 하지만 이런 과정을 거쳐서 우리는 성장해 가는 거란다. 그리스도인들은 특별히 하나님과 그분의 말씀 앞에서 모든 생각이나 경험을 내려놓고 상대화할 수 있는 사람들이기에 일반 사람들보다 성장의 아픔을 더 잘 승화시킬 수 있어. 또한 네가 혼란스러운 것은, 선생님이 문제만 던져놓고 충분히 설명하지 않았기 때문일 수도 있을 거야. 이런 부분은 앞으로 선생님과 편지를 주고받으면서 해소될 거라 생각해.

공부를 잘하면 돈, 명예, 권력을 다 가질 수 있다는 것은 조물주와 신하가 했던 거짓말이라고 했지. 그렇다면 조물주가 원래 의도했던 공부의 목적은 무엇인지 궁금하다고? 오늘은 이 질문에서 시작해 볼까.

지난번 편지에서 살펴본 '공부를 잘하면 돈, 명예, 권력을 얻는다'는 식의 설명을 교육학에서는 공부의 '파생적인 목적'이라고 불러. 즉, 공부의 '고유한 목적'은 아니지만 사회 제도와 맞물려 부수적으로 공부가 가져다주는 것이지.

그렇다면 사회제도와 관계없이 고유하고 본질적인 공부의 목적이 있겠지? 그것을 교육학에서는 '안목'이라고 설명해. 안목이 뭐냐고? 어떤 것을 볼 줄 아는 눈을 말하지. 물론 눈이 있기 때문에 우리는 눈에 보이는 것을 다 볼 수 있어. 하지만 이 세상은 눈에 보이는 것이 전부가 아니란다. 눈에 보이지 않는 원리나 질서, 법칙이 있어. 그런 것들이 바로 눈에 보이는 세상을 움직이지. 우리가 그 분야를 공부하면 눈에 보이지는 않지만 실제 현상을 움직이는 원리와 질서, 법칙을 볼 수 있단다.

그런 게 뭐 필요하냐고 물을 수 있겠지. 그런 안목을 갖는다고 해서 돈이나 권력이 생기는 것도 아니잖냐고 반문할 수도 있을 거야. 물론 안목 자체는 돈이나 지위, 편한 삶과 직접 연결되지 않아. 하지만 안목이 깊어지고 실생활에 응용되고 경제와 연결될 때, 이 세상의 기술이나 경제가 발전하지. 나아가 사회 전체의 발전도 이끌게 돼.

한 사회가 발전된 경제와 부를 어떻게 나누며 함께 잘 살아갈까 하는 것에 대한 대안도 사회 전반적인 안목이 깊어질 때 생겨나지. 안목이 깊어져야 좋은 방안을 세우고 사회 질서를 만들 수 있는 거야. 혹 사회의 발전과 관계가 없는 안목들도 개인의 삶과 정신을 풍요롭게 해준다는 면에서 그 자체로 의미가 있지.

세상과 원리에 눈 뜨기

자! 예를 하나 생각해 보자. 지금은 돌아가셨지만 우리나라에서 유명했던 기업인들 중에 정주영이란 분이 계셔. 이분은 초등학교만 졸업했지만, 어디에 돈을 투자해야 벌 수 있는지 탁월한 감각이 있으셨지. 그것을 바탕으로 현대그룹을 만들었고, 한때 우리나라 최고의 부자였어.

다음으로는 부자가 아닌 경제학 박사님을 떠올려 보렴. 정주영 씨처럼 기업을 일구지도 못한 경제학 박사 말이야. 하지만 이분은 자신의 경제학적 안목을 바탕으로 정주영 씨가 왜 성공했는지 분석할 줄 알아. 분석한다고 해서 돈을 버는 것이 아니라 할지라도 이러한 분석력은 우리나라 경제에 중요한 역할을 해. 그리고 박사님 자신에게 큰 기쁨과 활력을 주지.

이 원리는 중고등학교에서도 그대로 적용돼. 물론 우리네 실정은 좋은 대학 진학을 위해 다른 친구들과 경쟁하며 공부해야 하는 현실이야. 그리고 어려운 내용을 반복해서 외우고 문제 풀이를 거듭해야 하기 때문에 '안목'이니 '배우는 기쁨'이니 하는 것을 느낄 여유가 없을 거야. 하지만 이런 한계상황 가운데서도 가끔 수업을 들을 때나 혼자 공부할 때 '아하! 그렇구나' 하고 눈이 번쩍 뜨이는 경험을 한 적이 있을 거야.

'아! 이런 원리로 이 현상이 일어나고, 세상이 돌아가는구나.'

'세상과 원리에 눈 뜨게 해주는 경험'을 수업 시간을 통해 느끼게 해주어야 할 학교와 선생님이 그렇게 하지 못하고 있는 것이 안타까운 우리 현실이지. 그렇더라도 학생의 입장에서 관심을 갖고 배우려고 노력하는 자세가 필요해. 한계가 있지만 세상과 원리에 관심을 갖고 수업에 임하면 훨씬 눈이 뜨이고 안목이 확장됨을 경험할 수 있을 거야.

좀 어렵게 느껴지지? 어쩌면 어려운 공부와 잘 오르지 않는 성적 때문에 힘겨워하는 너에게는 먼 이야기로 느껴질 거야. 그런데도 선생님이 이런 이야기를 계속하는 것은, 공부의 어려움을 이겨 나가고 성적 향상을 위해서도 공부가 주는 안목의 맛을 경험하는 게 중요하기 때문이야.

선생님은 너를 응원해!

공부도 하나님이 만드셨단다

좀더 깊이 생각해 볼까? 공부의 고유한 목적이 안목을 열어 주는 것이라는 일반 교육학의 설명은, 사실 그리스도 인에게는 충분한 설명은 아니야. 공부를 허락하신 하나님의 목적을 알려면 좀더 설명이 필요해. 잘 들어봐!

학교에서 배우는 공부의 내용은 하나님과 무관하지 않아. 우리는 하나님이 만드신 세계에 대해 배우는 거야. 즉, 예수를 믿든 믿지 않든 수많은 학자들이 하나님이 만드신 언어, 수리, 과학, 사회, 예술 등의 각 영역에 대해 탐구해서 정리해 놓은 게 학문이지. 이것을 초중고등학교 수준에 맞게 정리해 놓은 것이 공부의 내용이야. 물론 이 가운데는 성경 진리와 배치되는 부분도 있지만 대부분의 내용은 그렇지 않아.

학교에서 배우는 공부의 내용은 눈에 보이는 세계를 움직이는, 눈에 보이지 않는 원리나 질서와 법칙에 대해 잘 설명하고 있지만 거기서 그친다는 한계가 있지. 그 이상 무엇을 알아야 하냐고? 눈에 보이는 세계와 그 이면의 원리나 질서, 법칙뿐 아니라 지식과 원리, 질서와 법칙을 만든 분이 누구인지 알아야 하지 않을까. 그리고 지식과 원리, 질서와 법칙을 만든 목적이 무엇인지, 또 무엇을 위해 사용해야 하는지 등도 중요하지. 그런데 그런 것에 대해 학교에서 배우는 공부는 설명을 하지 않아. 일반 학문과 학교 공부의 한계지.

이 세상을 만드시고 다스리는 분이 계시잖니. 어떤 분야를 공부하더라도 눈에 보이는 세계와 그 이면의 원리와 질서, 법칙뿐 아니라 그것을 만드신 분의 목적과 의도, 나아가 성품과 능력까지 생각할 수 있어야 온전히 아는 것이라고 할 수 있겠지. 이 세상이 운행되는 원리와 법칙을 깊게 묵상만 해보아도 만드시고 다스리시는 분이 계시다는 생각이 들 거야. 우리는 그분 앞에 무릎 꿇을 수밖에 없지만, 일반 학문과 학교 공부는 의도적으로 이런 부분을 외면하고 무시하고 있어.

그리스도인 학생은 학교에서 수업을 듣거나 공부할 때, 교과서나 선생님이 가르쳐 주지 않지만 늘 질문을 할 필요가 있어.

'하나님이 왜 저것을 만드셨을까?'

'하나님이 저것을 통해 무엇을 하기를 원하실까?'

'이런 것을 만드신 우리 하나님은 어떤 분이시지?'

물론 학과 내용을 따라가기도 힘든 상황에서 그런 것까지 생각하기란 쉽지 않아. 하지만 그런 질문을 하는 훈련을 해나갈 때 하나님이 지혜를 주실 거야.

가령 과학 시간에 만유인력의 법칙을 배운다면, 그리스도인 학생들은 법칙을 통해 우주 만물을 유지하시는 하나님의 위대하심에 대해 묵상해 볼 수 있을 거야. 하나님은 그리스도인 학생들이 학교에서 배우는 공부를 통해 하나님이 만드신 세계와 당신에 대해 더 잘 알아 가기를 원하신다는 사실을 꼭 생각하렴.

공부란, 하나님의 부르심에 응답하는 거야!

공부와 관련해 한 가지 더 생각해야 할 것이 있어. 하나님은 그리스도인 학생이 교과 공부를 통해 하나님과 당신이 만드신 세계를 잘 알아 가는 것에서 그치지 않고 다음과 같은 질문까지 하길 바라셔.

'나는 하나님의 세계 가운데 어떤 영역으로 나아가서 그 영역을 어떻게 섬길 수 있을까?'

하나님은 온 세상을 다스리시되, 당신 백성을 각 영역의 청지기로 세워서 다스리시길 원해. 그러니까 회사에 근무하는 사람은 하나님을 대신해서 사람들에게 필요한 물건을 만들고 유통하는 일을 하는 거지. 그리고 경찰은 하나님을 대신해 질서를 잡고 악을 방지하는 일을 하는 거야. 또 교

사는 하나님을 대신해서 아이들을 가르치는 일을 하는 거
라 할 수 있지.

모든 그리스도인은 하나님의 일을 하며 살아야 하는데,
그분의 일이란 교회 봉사만 가리키는 것이 아니야. 우리가
가정이나 직장이나 사회에서 하는 모든 일이 어떤 자세로 하
느냐에 따라 다 하나님의 일이 되는 것이지.

대학 졸업할 즈음, 이랜드 그룹 박성수 회장의 강의를
들은 적이 있어. 지금은 대기업이 되었지만, 당시 이랜드는
두세 개의 의류 브랜드를 가진 작은 기업이었어. 박성수 회
장은 회사에 좋은 인재를 채용하기 위해 각 대학을 다니며
기독 대학생들과 많은 이야기를 나누었지. 한 대학의 강연
장에서 누군가가 박 회장께 물었어.

"회장님은 왜 하필이면 옷을 만들어 파는 일을 하세
요?"

"하나님이 최초의 인간 아담과 하와에게는 직접 옷을
만들어 입히셨지만, 이후에는 사람들이 옷을 만들어 서로
입히기를 원하셨어요. 저는 하나님을 대신해서 옷을 만들어
입히는 일을 하고 있어요."

그리스도인의 직업관에 대한 명쾌한 설명이지.

그리스도인 학생은 하나님이 만드신 세계를 공부를 통
해 섬겨야 하는 거야. 그리고 하나님의 음성에 따라 세상을

다스리는 거지. 다양한 공부를 하다 보면 흥미와 관심을 끄는 영역이 생기게 마련이야.

'하나님이 내게 이 영역으로 나아가 당신을 대신해서 다스리고 섬기라고 한 것은 아닐까?'

이런 생각이 들면서 자연스럽게 자신의 진로가 되는 거야. 더불어 선택한 영역을 잘 다스리기 위해서는 능력과 기술을 갖추어야 해. 그러기 위해 공부를 열심히 해야겠다는 마음을 자연스레 품게 되지.

하나님은 지금도 공부를 통해 그리스도인 학생들을 부르고 계셔. 십대 청소년들이 공부를 통해 하나님이 만드신 세계 가운데 어느 영역으로 나아가야 할지 발견하기를 바라셔. 또 그 영역을 잘 다스리는 사람이 되기 위해 열심히 익히고 배우고 훈련하기를 원하시지. 요컨대, 공부는 그 자체로 그리스도인 학생에게 하나님을 알아가는 과정이고, 하나님의 부르심에 응답하는 길이고, 하나님을 섬기는 방법이지.

이제 그리스도인 학생들에게 공부를 허락하신 하나님의 뜻이 이해가 되니? 꼬리에 꼬리를 물고 새롭게 의문이 드는 부분도 있을 거야. 지수야! 그 부분은 다음에 또 이야기하자. 🖋

3. 하나님의 영광을 위해
공부하라고요?

선생님, 그동안 저는 신앙과 공부는 서로 충돌하는 것이라고 생각해 왔어요. 교회 활동을 열심히 하려면 그 시간만큼 공부할 시간을 뺏기잖아요. 친구들은 그 시간에 도서관이나 학원에서 열심히 공부하고 있을 텐데…… 그런데 공부도 하나님이 주신 것이고, 하나님을 더 알아 가고 이웃을 더 잘 섬기기 위해서 한다니, 제 고민의 많은 부분이 해결되었어요.

문득 선생님 편지를 읽다 보니 학교에서 선생님 수업을 직접 듣는 아이들은 얼마나 좋을까 하는 생각이 드네요. 사실 선생님이 말씀하신 대로 학교에서 수업시간에 배우는 공부를 통해 하나님의 창조 원리를 알아가고 그분이 그것을 만드신 목적을 생각한다는 것은 머리로는 이해되지만 실제로는 쉽지가 않아요. 그래서 기회가 있다면 선생님 수업을 꼭 한 번 들어보고 싶어요. 그런데 당장 선생님 학교에 가서 수업을 들을 수는 없으니까 편지를 통해서라도 선생님 수업 장면을 소개해 주실 수 있나요?

또 하나 궁금해진 것은, 보통 교회에서는 '하나님의 영광을 위해 공부하라'고 가르치잖아요. 그런데 이 말을 들을 때마다 왠지 모르게 불편한 마음이 들거든요. 왜 그럴까요? 🖋

'도덕법칙'을 곰곰 들여다보렴

지수야! 네 답장을 통해 선생님이 지난 시간 설명한 내용을 네가 어느 정도 이해했다는 것을 알고 감사했단다. 공부의 의미에 관한 부분은 좀 어려운 이야기이기도 하고, 교육 현실이 과도한 입시 경쟁으로 왜곡되어 있어 네 일상에 적용하기 쉽지 않을 거야. 그런데도 하나님을 의지하며 그분이 주신 공부의 본래 목적을 살리려고 노력해야 한다는 말을 이해하려고 해주어서 고맙다.

네가 이런 질문을 했지.

"공부를 통해 이 세상을 만드신 하나님의 원리와 질서, 법칙을 알아갈 뿐 아니라 그분의 목적과 의도를 알아가야 한다면, 선생님은 교실에서 이를 어떻게 적용하세요?"

도발적인 질문에 잠시 당황했지만. 내가 당연히 받아야 할 질문이라고 생각했다. 하나님이 공부에 부여하신 원리를 교육 현장에 제대로 적용하지 못하면서, 어린 너에게 이런 것을 요구한다는 것은 말이 되지 않겠지.

선생님이 맡은 과목은 도덕이야. 아이들은 '선생님, 도덕 배워서 뭐해요?'라며 짓궂게 장난을 하지. 심지어 어떤 아이는 이렇게 따지기도 해.

"도덕 과목이란 그냥 길 가다가 휴지 보면 줍거나, 착한 일 많이 하면 되지, 굳이 어려운 이론을 배워서 뭐해요?"

나는 도덕 교사로서 아이들에게 무엇을 가르쳐야 하고, 하나님의 창조 세계를 어떻게 아이들에게 이해시키고, 그분의 목적을 설명할지를 고민한단다.

하나님이 세상을 만드실 때 눈에 보이는 것뿐 아니라 눈에 보이지 않는 것도 많이 만드셨다고 했지. 그중 하나가 선생님은 '도덕법칙'이라고 생각해. 하나님은 이 도덕법칙을 모든 사람의 내면에 깊숙이 심어 주셨어. 로마서 2장 14-15절에서 하나님은 당신을 안 믿는 사람이라 할지라도 그 마음속에 양심이 있어 죄책감을 느끼게 하고 율법의 역할을 한다고 말씀하셨어. 그리스도인이 아니었던 철학자 칸트도 '도덕법칙'에 대해 유명한 명언을 남겼지.

"그것을 생각하는 것이 거듭될수록 또 그 기간이 길수록 더욱 새로워지며 강한 감탄과 존경의 생각으로 마음을 채워 주는 두 가지가 있으니, 하나는 내 위에서 항상 반짝이는 별을 보여 주는 하늘이며, 다른 하나는 나를 항상 지켜 주는 마음속의 도덕법칙이다.'

이러한 사실을 바탕으로 선생님은 도덕 수업을 통해 주변에서 발생하는 많은 도덕적 갈등 상황 가운데서 모두가 동의할 수 있는 우리 내면의 도덕법칙(양심)을 적용하는 훈련을 시키려고 노력해. 그래서 수업 시간마다 도덕적 갈등 상황을 제시하고 아이들로 하여금 양심에 비추어 어떻게 해결할지를 토의하고 발표하게 해. 그러고는 아이들이 발표한 내용들의 문제점을 분석하여 모두가 동의할 수 있는 원리들을 추출해 가지. 물론 수업 시간에 하나님에 대한 이야기를 하진 않아. 하지만 도덕법칙을 찾아 적용하는 과정을 통해 아이들을 하나님의 창조세계로 이끌어 가지.

이런 수업을 하다 보면 아이들 가운데는 왜 우리 마음속에 도덕법칙이 있는데도 사람들이 잘 지키지 못하는지 궁금해 하기도 해. 아무리 인간이 도덕법칙을 지키려고 최선을 다해 노력한다 해도 도덕법칙을 완벽하게 지킬 수 없을 때는 어떻게 해야 하느냐는 질문도 하지. 그럴 경우에는 인간을 지배하려 드는 죄의 세력에 대해, 인간의 한계를 뛰어넘는 절대자의 은총에 대해 설명을 해.

선생님은 공립학교에 있기 때문에 성경의 진리를 다 사용할 수 없는 한계는 있어. 하지만 이 정도라도 수업 시간에 설명하면 나중에 아이들이 쉬는 시간이나 방과 후에 찾아오기도 하지. 또 아이들 중에 교회에서 복음을 들을 때 훨씬 쉽게 반응할 수 있는 마음의 밭이 준비되는 경우도 경험했어. 기독교인 교사로서 내가 어떻게 수업을 하는지에 대한 설명이 기독교인 학생인 네게 어떤 자세로 공부에 임해야 하는지에 도움이 되면 좋겠구나.

잘하지 못해도 괜찮아!

두 번째 질문으로 넘어가 볼까? 앞서 공부가 그리스도인에게 어떤 의미를 지니고 어떤 자세로 공부해야 하는지에 대해 설명했잖아. 지금까지 설명한 것과 흔히 교회에서 '하나님의 영광을 위해 공부하라'고 하는 말과는 어떤 관계가 있는지 물었지?

하나님의 영광을 위해 공부하라는 것은 분명히 맞는 말이야. 그리스도인 학생들이 어떤 자세로 공부해야 할지 잘 설명해 주는 말이기도 해. 하지만 우리 삶에서 이 말의 본뜻이 잘 전달되지 않고 왜곡되어 쓰이는 경우가 많기 때문에 조심해야 하지.

흔히 '하나님의 영광을 위해 공부하라'고 할 때, 이 말을 하는 부모님이나 교사 혹은 받아들이는 학생들은 대부분 공부를 잘해야 하나님께 영광을 돌릴 수 있다고 이해하지. 그러니까 박주영 선수가 골을 넣은 후 기도하는 모습이나, 연말 연예대상에서 상을 받은 연예인이 '하나님께 영광을 돌린다'고 소감을 말하는 모습을 떠올린다는 거야.

물론 그런 모습이 하나님께 영광을 돌리는 것은 분명해. 그러나 그런 모습만을 하나님께 영광을 돌리는 것으로 생각하면 많은 문제가 생겨. 하나님을 잘 섬기는 축구 선수 가운데도 국가대표는 고사하고 프로 팀에도 들어가지 못한 선수가 많을 거야. 그리고 신실한 연예인들 가운데 연예대상 후보는 고사하고 텔레비전이나 영화에 보조 출연도 하기 힘든 사람도 많을 거야. 그런데 박주영 선수나 연예대상을 받은 연예인이 하나님께 영광을 돌리는 사람의 표준이 되면 탁월하지 못한 사람들은 하나님께 영광을 돌릴 수 있는 길이 없어져 버리는 거지.

그와 마찬가지로 교회에서 '하나님의 영광을 위해 공부한다'는 것을 '공부를 잘해야 하나님께 영광이 된다'는 식으로 이해하고 가르치기 때문에, 하나님을 사랑하지만 성적이 좋지 않은 많은 학생들이 좌절하고 낙망하는 거야.

선생님이 어떤 교회에서 '공부를 통해 하나님께 영광을 돌린다는 것'의 바른 의미에 대해 강의한 적이 있어. 강의가 끝나자 어떤 분이 고등학교 시절 '하나님의 영광을 위해 공부하라'는 말을 들을 때마다 자신이 공부를 못해 하나님의 영광을 가리는 것 같아 죽고 싶은 마음으로 지냈다더구나. 그리고 이런 마음을 떨쳐 내는 데 10년이라는 세월이 흘렀다는 안타까운 이야기를 들려주었어.

진정한 공부의 자세 익히기

한편 '하나님의 영광을 위해 공부한다'는 말은 개인이나 부모의 욕심을 합리화하는 데 쓰이기도 해. 많은 교회에서 고등학교 3학년 학생들이 주일에도 교회에 나오지 않고 학교나 학원에 가서 문제가 되고 있지. 이런 경우 전도사님이나 교회학교 선생님이 그 어머니께 아이를 주일에 교회에 보내라고 청하지. 즉, 학업보다 신앙이 우선이라고 권면한단다. 그런데 부모님들은 대부분 이렇게 대답하지.

"전도사님, 생각해 보세요. 우리 아이가 공부를 잘해서 좋은 대학에 붙어야 하나님께 영광이 되지요. 떨어지면 하나님께 망신을 주게 되잖아요."

그러다 보니 하나님께 영광을 돌리겠다며 교회를 나오지 않는, 이상한 현상이 벌어지는 거야. '하나님께 영광을 돌린다'는 의미에 대한 왜곡 때문에 일어난 현상이지.

그렇다고 '하나님께 영광을 돌리기 위해 공부하라'는 말이 잘못되었거나 절대로 하지 말아야 하는 말은 아니야. 무엇보다 말하는 사람이나 듣는 사람이 그 의미를 제대로 이해하도록 노력할 필요가 있지.

지난번 편지에서 설명한 것처럼, 공부를 주신 분이 하나님이시기에 공부를 통해 '하나님이 그 지식을 만들고 사람에게 주신 공부의 목적이 무엇인지'를 탐구해야 해. 나아가 어떻게 하면 지식을 통해 하나님의 세계와 사람을 잘 섬기는 데 사용할 수 있을까 고민하면서 공부하는 자세도 익혀야 하지. 그러니까 공부할 때 다음과 같은 소망을 품고 하면 좋을 거야.

"하나님! 제가 공부하면서 하나님을 발견하게 해주시고, 제가 하는 공부가 이후 하나님의 세계와 많은 사람을 섬기는 데 사용되기를 원합니다. 저는 지혜가 부족하고 약하오니, 제게 하나님의 지혜와 성실을 허락하소서."

이런 자세로 임할 때 하나님은 기뻐하시고, 영광을 받으실 거야. 비록 기독교인이고 공부를 잘해 주위에서 칭찬받는다 하더라도, 공부할 때 하나님께 의지하며 감사하지 않고 자신이 머리가 좋고 열심히 해서 우수한 성적이 나온 것이라 생각하는 자세를 어떻게 생각하니? 그렇게 공부해 좋은 대학에 가고, 좋은 직장을 얻어서 나만 행복하게 살겠다는 마음으로 공부한다면 하나님께 영광을 돌리는 공부 자세라고 할 수 있을까?

반대로 비록 학교 성적이 좋지 않다 하더라도, 늘 하나님께 자신의 부족함을 내놓고 지혜를 구하며 최선을 다하는 자세를 생각해 보렴. 공부를 통해 하나님의 세계를 이해하고 세상과 이웃을 섬기기를 원하는 마음으로 공부한다면, 바로 이 학생이 성적이 좋지 않더라도 하나님께 영광을 돌리고 있다고 할 수 있겠지. 사람들은 겉으로 드러나는 성적의 결과를 보지만, 하나님은 우리의 중심을 보시는 분이니까 말이야.

지수야! 고린도전서 10장 31절을 한번 묵상해 보렴.

그런즉 너희가 먹든지 마시든지 무엇을 하든지 다 하나님의 영광을 위하여 하라

그리고 믿음의 선배들이 만든 소중한 전통인 웨스트민스터 소요리문답 제1문도 묵상해 보렴.

사람의 제일 되는 목적은 무엇입니까?
하나님을 영화롭게 하고 영원토록 하나님을 즐거워하는 것입니다.

'하나님의 영광을 위해 공부하라'는 소중한 이 말이 너와 친구들에게 디딤돌이 될 수 있으면 좋겠구나. 성령께서 이 말의 진정한 의미를 너희에게 깨닫게 하심으로써 자유함과 동시에 공부에 대한 의욕을 부어 주시리라 믿는다.

선생님은 너를 응원해!

4. 저는 공부를 못하는
찌질이에요

선생님, 지난번 편지에서 '하나님의 영광을 위해 공부한다'는 의미가 공부를 잘해서 좋은 성적을 내야 하나님이 영광을 받으신다는 의미가 아니라는 것을 가르쳐주셔서 감사해요. 그 글을 읽고 제 마음을 억누르고 있던 큰 짐이 하나 덜어졌어요. 학교 성적이 좋지 않은 편이라 '하나님의 영광을 위해 공부하라'는 말을 들을 때마다 마음이 많이 불편했거든요.

성적이 뛰어나지 않더라도 주어진 공부를 통해 이 세상을 만들고 다스리시는 하나님을 발견하고 알아가는 게 중요하다고 하셨죠. 나아가 공부를 통해 어떻게 세상과 이웃을 섬길까 고민하는 것이 하나님께 영광을 돌리는 것이라고 하셔서 무척 반가웠어요. 저같이 성적이 뛰어나지 않은 학생도 학교 공부를 통해 하나님께 영광을 돌릴 수 있다는 것이니까요.

하지만 이런 사실은 머리로 한참 정리를 해야 하고, 실제 매일의 학교생활에서 느끼기는 쉽지 않아요. 저는 공부 빼놓고는 다 잘해요. 친구들하고도 잘 지내고, 청소도 열심히 하고, 학교나 학급 행사에도 적극적이에요. 친구들을 전도하기 위해서도 많이 노력하고, 교회생활도 매우 열심히 해요. 그런데 이런 것들은 다 소용이 없어요. 성적표만 받으면 제가 참 못났다는 생각이

듣고, 저 같은 아이가 커서 무엇이 될 수 있을까 하는
생각을 해요. 선생님, 어떻게 해야 하죠?

모든 아이를 한 줄로 세우는 교육

　지수야! 네 편지를 읽고 가슴이 먹먹해지면서 눈물이 핑 돌았단다. 지금까지 너와 비슷한 고민과 아픔이 있는 아이들을 수없이 보고 함께 생활해 온 나로서는, 현재 네가 겪는 아픔이 얼마나 크고 깊은지 잘 알고 있다. 그런데도 이런 문제를 고치지 못하고 계속 아이들에게 아픔을 주고 있으니 어른으로서 또 교육자로서 용서를 구하고 싶구나.

　우선 너에게 하고 싶은 말은, 학교 성적으로 겪는 아픔이 다 너의 잘못 때문이 아니라는 사실이다. 물론 스스로 열심히 노력하지 않았기에 성적이 좋지 못한 것도 한 가지 이유이기는 해. 하지만 더 근본적으로는 어른들이 만들어 놓은 잘못된 교육제도로 너희들이 고통당하는 부분이 훨씬 크다고 생각해.

　학교에서 아이들을 가르치며 가장 가슴이 아픈 것은 학교 교육이 아이들에게 너무 큰 좌절감과 불안감을 심어 주고 있다는 거야. 학교가 아이들을 1등부터 꼴찌까지 한 줄로 세우는 교육을 하고 있기 때문이지. 이런 체제에서는 아무리 열심히 공부한다 해도 다 1등을 하고, 다 좋은 결과를 받을 수 있는 것은 아니란다. 누군가는 꼴찌를 해야 하고, 다른 누군가는 공부 못하는 아이가 될 수밖에 없는 상황이지. 또 학년이 올라갈수록 수업 내용이 어려워지기 때문에 이런저런 이유로 한번 공부를 못하거나 성적이 낮은 아이가 되면 극복하기가 어려워진단다.

모든 아이를 한 줄로 세우는 교육 체제에서 공부를 못하거나 낮은 성적을 받은 아이는 어떤 생각을 하게 될까? 아마도 자신을 '성적이 낮은 아이'로만 생각하는 것이 아니라 '못난 사람'으로 여기거나 '해도 안 되는 아이'로 생각하겠지. 때문에 공부가 아닌 다른 영역에 재능과 은사가 있는데도 계발할 의욕을 잃거나, 다른 사람보다 늦게 공부에 대한 재능이 발휘될 수 있는데도 자신감을 잃는 경우가 많아.

이런 교육 환경에서 아이들이 겪는 또 하나의 문제는 성적 때문에 너무 불안해한다는 거야. 아무리 열심히 해도 다른 친구가 자신보다 더 열심히 하면 등수는 떨어질 수밖에 없으니까. 이러한 불안감에 시달리는 것은 공부 잘하는 아이들도 마찬가지지. 아니, 공부 잘하는 아이들이 더 심하게 느끼는지도 몰라.

우열이 아닌 다름의 인정

선생님 제자들 가운데 중학교를 졸업하고 고등학교 때 미국으로 조기유학을 간 아이들이 몇 명 있단다. 가끔 전화 통화를 해보면 외롭기도 하고 언어 문제와 차별대우 등으로 많은 어려움을 겪는데도 한 가지 좋은 점이 있다면 불안하지 않다는 거야. 등수 개념이 없을 뿐 아니라 공부를 잘해서 좋은 등수를 받아야 한다는 압박이 없다는 거지. 자기가 하고 싶고 관심 있는 분야를 하도록 격려받는다는 거야.

기독교 전통에 뿌리 내린 서구의 나라들을 보면 우리 나라와 같이 모든 아이를 성적에 따라 한 줄로 세우는 개념이 없단다. 수업 시간에 도달해야 할 목표를 정해 놓고, 모든 아이가 그 목표에 이르도록 도와주는 체계를 갖추고 있지. 물론 이 아이들 사이에서도 선생님이 가르쳐 준 것 이상으로 창의력을 발휘하는 아이들이 있단다. 그러나 그런 아이들에 대한 내용은 특기사항으로 기록할 뿐이란다. 그러니까 아이들 사이에 열등감을 느끼거나 불안해할 필요가 없는 거지. 수업 시간에 배운 내용을 다 이해 못하는 아이들이 있으면, 눈치 볼 것 없이 별도 교실에서 보충 교육을 받는대.

그리고 그럴 경우 놀림을 받는 일도 없대. 이렇게 초등학교와 중학교 단계까지 기본 내용을 충실히 교육받으면서 자신의 재능과 은사가 어디에 있는지를 확인하지. 그런 다음 고등학교 단계부터는 인문계와 직업학교로 나뉜대. 이 단계에서도 우리나라와 같이 '좋은 학교'란 개념이 있는 것이 아니라, 중학교까지 자신에게서 발견된 은사와 재능에 따라 선택을 한다더구나.

이러한 시스템이 가능한 이유는 서구 사회에 깊이 뿌리내린 기독교 전통 때문이야. 하나님이 모든 사람을 다 당신의 형상으로 존귀하게 지었다는 기독교적 인간관을 바탕으로 한 거지. 하나님은 모든 사람에게 은사와 재능을 다르게 주셨지만 우열을 둔 것이 아니라 그야말로 '다름'을 두신 거란다. 서구인들은 은사와 재능이 각기 다른 사람들이 서로 존중하고 도우면서 한 몸을 이루어 가는 것이 하나님이 기뻐하시는 사회라고 믿고 있어. 이런 생각이 유럽 국가들의 교육제도에 바탕을 이루지.

우리나라를 비롯해 중국, 일본, 대만 등 동아시아 나라들의 경우 1000년 이상 유교의 영향을 받아 왔기 때문에 서구 사람들과 사고방식이 달라. 유교의 과거 시험 제도를 생각해 봐. 공부를 열심히 해 과거 시험에 합격하면 돈과 권력이 보장되지만, 떨어지면 아무 소용이 없게 되지. 이런 전통

이 우리 사회의 고시제도, 입시제도 등 곳곳에 자리 잡고 있
는 거야. 우리나라 사람들의 의식과 문화 가운데도 깊게 자
리 잡고 있기 때문에 교육이 잘 바뀌지 않는 거야.

하나님은 너를 열등생으로 보지 않아!

우리나라 교육 현실을 기독교 문화권의 서구 나라들과
비교해서 길게 설명한 이유가 있어. 사실 교육제도 이야기를
아무리 해보아도, 개인이 이 제도를 고칠 수 있는 것이 아니
야. 그래서 너에게 아무런 도움이 안 될 수 있지. 그런데도
우리나라와 서구 교육제도의 차이를 강조한 것은, 오늘날 교
육제도가 너를 평가하고 있는 성적이나 등수가 너를 향한
하나님의 평가와는 무관함을 말하고 싶어서야. 하나님은 성
적이나 등수가 아니라, 다른 차원에서 너를 평가하시고 너에
게 말씀하고 계시지.

지수야! 하나님은 너뿐 아니라 모든 사람을 만드실 때
각 사람에게 나름의 은사와 재능을 주셨지. 또 우리 각자를
향한 하나님 당신의 뜻도 심어 주셨단다. 이 사실 분명히 믿
지? 그렇다면 학교가 너를 평가하는 성적이나 등수에 너 자
신을 가두고, 그 평가에 따라 자신을 열등하게 보고 주저앉

아 있어서는 안 되는 거야. 물론 학교 성적이나 등수가 전혀 중요하지 않다는 것은 아니야. 다만 이것들은 우리를 향한 전체적인 하나님의 평가 가운데 지극히 작은 부분이라는 거지. 하나님은 너를 향해 이렇게 말씀하고 계실 거야.

"지수야! 여러 원인으로 학교 성적이 좋지 않다는 것을 잘 알고 있단다. 그렇다고 해서 주저앉아 있지 말렴. 내가 네 속에 심어 준 은사와 재능이 있으니 그것을 발견하고 계발하려는 노력을 하렴."

지수야! 하나님이 너를 사랑하심을 믿지? 하나님이 네 인생에 뜻을 두고 계시고 네 길을 인도해 가실 것을 믿지? 비록 성적이 좋지 않더라도 하나님은 그 한계를 뛰어넘어 너를 가장 선한 길로 인도해 가실 것을 믿지?

반대로 또 물어볼게. 너, 하나님께 쓰임 받는 사람이 되기를 원하지? 세상 사람들이 말하는 돈 많이 벌고 권력을 잡고 유명해지는 것이 성공이라고 생각하지 않지? 그렇게 되기를 원하지도 않지? 네가 무엇을 하든 그것을 통해 더 많은 사람들을 사랑하고 섬길 수 있다면 그것이 하나님이 기뻐하는 삶이라고 생각하지?

네 믿음이 분명하다면, 성적에 주눅 들지 말고 지금 주어진 상황에서 최선을 다해 공부해 보길 권하고 싶구나. 성적으로 한 줄을 세우는 현실이 잘못되었다 하더라도 이 현실 가운데 하나님이 역사하고 계심을 생각하렴. 등수를 높여 다른 사람에게 인정받기 위해서도, 등수를 올려 좋은 대학에 가기 위해서도 공부할 수 있겠지. 그러나 무엇보다 지금 내 상황이 하나님이 공부하라고 허락하신 위치이기 때문에 최선을 다해 보는 거야.

듣는 귀를 열고 공부의 여정을 밟으렴

누구나 학업에 자신감이 없어서 공부가 어려울 수 있지. 그렇다면 제일 쉬운 과목에 집중해 그 과목의 성적부터 올리는 것에서 시작하렴. 기초가 없어서 힘든 과목이 있으면 친구나 선생님, 인터넷 강의의 도움을 받아 기초 공부부터 시작할 수도 있겠지. 수업 시간에 잘 못 알아듣는 과목이라도 성령의 지혜를 구하면서 최선을 다해 듣는 자세가 필요할 거야. 우선 주어진 상황에서 너의 연약함과 부족함에 매여 있지 말고 하나님을 사랑함으로 담대히 나아가렴. 이런 모습을 하나님이 기뻐하시고, 그 과정에서 하나님이 여러 길을 보여 주실 거야.

공부하는 과정에서 하나님은 네가 조금만 더 집중하면 잘할 수 있는 과목이나 분야를 보여 주실 거야. 그러면 그런 과목이나 분야를 좀더 깊게 공부해 가렴.

더불어 공부 외에도 주어진 은사와 재능이 있는지 찾아보렴. 기도를 통해 하나님께 묻기도 하고, 자신을 잘 돌아보기도 하면서 말이야. 혹 부모님이나 주변 사람들과 대화하면서 은사와 재능을 발견할 수도 있을 거야. 재능과 은사의 발견이란 자신만을 위한 것이 아니라 하나님과 이웃을 위해 쓰이기 위한 것이지. 하나님은 재능과 은사를 가능하면 우리에게 빨리 보여 주길 원하시고, 계발할 수 있는 좋은 길도 열어 주실 분이란다.

현실에서는 선생님이 말한 것처럼 쉽지만은 않을 거야. 하지만 너를 향한 하나님의 사랑에 대한 분명한 확신을 품고 공부의 여정을 걸어 가렴. 그리고 공부 외에 다른 길도 찾아본다면 분명히 하나님이 열어 가시는 길을 만날 수 있을 거라고 확신해.

그럼 지수야! 선생님이 말한 것처럼 한번 노력해 보고 또 연락 주렴. 🖋

5. 저는 내세울 게 없어요

선생님, 지난번 편지를 읽고 마음이 조금은 편해졌어요. 성적에 대한 죄책감이나 절망감에서 벗어나 지금 제가 할 수 있는 부분에서라도 최선을 다해야겠다는 생각이 들어요.

지난주에 교회 목사님이 마가복음 9장 24절의 "내가 믿나이다. 나의 믿음 없는 것을 도와주소서"라는 말씀을 전하셨는데, 바로 제 마음이라는 생각이 들었어요. 그렇다고 해서 제 현실이 쉽게 변하지 않을 거라는 것은 잘 알아요. 갑자기 성적이 확 오를 것도 아니고 대학입시에서 기적이 일어나지도 않겠죠.

왜 하나님은 저를 초등학교 때부터 공부를 열심히 해서 기초를 잘 쌓도록 인도하지 않으셨을까요? 그리고 우리 집 형편은 왜 이럴까요? 어떻게 하기 힘든 이 상황 가운데도 하나님의 뜻이 있을까요?

제가 선생님께 너무 투정을 부리고 있는 건가요? 이런 고민에 대해 하나님이 선생님을 통해서 제게 빛을 비추어 주시면 참 좋겠어요.

인생은 그야말로 불공정 게임?

지수야! 지난번 선생님 편지에 대해 "내가 믿나이다. 나의 믿음 없음을 도와주소서"라는 마가복음 9장 24절 말씀으로 답장 보낸 것 잘 받았다. 이 말씀을 통해 표현된 네 마음도 충분히 전해져 가슴이 찡하더구나.

우리의 연약함에도 하나님이 우리를 사랑하시고 인도하실 거라는 큰 믿음이 있더라도 입시 현실 앞에서 '이 성적으로 대학에 갈 수나 있을까?' 하는 생각이 들 거야. 그래서 어느새 믿음이 사라져 버리고 불안과 열등감에 사로잡힐 수 있지. 똑같은 경우는 아니지만 선생님도 비슷한 상황에서 그런 마음을 늘 느껴. 그러니 어린 너는 오죽하겠니?

너와 같은 학생뿐 아니라 모든 그리스도인들이 두 가지 명제 사이에 끼여 고민하며 살지. 하나는 '하나님이 모든 사람을 똑같이 사랑하신다'는 것이고, 다른 하나는 '하나님은 모든 사람에게 재능을 다르게 주셨다'는 것이지. 그런데 문제는 이 두 가지가 서로 모순된다는 거야.

하나님이 모든 사람을 똑같이 사랑하시면 재능을 똑같이 주시면 되는데 그러지 않고 재능을 다르게 주셨어. 여기서 '재능이 다르다'는 말은 재능의 종류가 다르다는 의미지. 재능의 양이 다르다는 의미이기도 해. 재능을 발견하고 발휘하는 시기가 다르다는 의미이기도 하고.

사실 사람들의 재능만 다른 게 아니라 어떤 의미에서 인생은 극심한 불공정 게임이기도 해. 부모님이 부자인 사람과 부모님이 가난한 사람은 얼마나 큰 차이가 있니? 어떤 경우에는 이 차이가 너무 커서 개인의 노력으로는 도무지 극복할 수 없다는 절망감을 안겨 주기도 해. 또 이전에 저질렀던 어떤 실수나 잘못이 지금의 상황에 영향을 미쳐 헤쳐 나가기 힘들기도 하지.

공부와 연관해 생각해 보자. 어떤 학생이 성적이 매우 낮다면 그것은 그 학생이 공부에 재능이 별로 없어서일 수도 있고, 어릴 적 부모가 학습을 제대로 보살펴 주지 못해서일 수도 있지. 혹은 본인이 너무 노는 데 빠져서 공부하지 않았기 때문일 수도 있어. 물론 이 세 가지 요인이 맞물려 있을 수도 있어.

하지만 우리는 이 상황에서 하나님께 물을 수 있지.

"하나님, 저를 사랑하신다면 왜 공부에 대한 재능을 주시거나 부모님이 제 학습을 잘 돕도록 만들어 주시지 않았나요? 또한 제게 공부를 열심히 하려는 의욕을 주셨으면 좋았을 텐데, 왜 역사하시지 않고 버려두셔서 오늘 제가 공부를 못해 고생하게 하시나요?"

이런 문제는 쉽지 않아. 하지만 네가 성경 말씀을 전해 듣고 질문하기 시작했으니, 선생님도 성경 말씀으로 해답의 근처에라도 가볼게.

요한복음 9장에는 태어날 때부터 맹인이었던 사람의 이야기가 나오는데 기억하니? 맹인을 가리키며 제자들이 예수님께 묻지.

"선생님, 이 사람이 맹인으로 난 것이 누구의 죄로 인함입니까? 자기입니까? 그의 부모입니까?"

이 말씀을 성적이 좋지 않아 힘들어하는 아이 이야기에 적용해 본다면 이렇게 되겠지.

"선생님, 제가 지금 공부를 못 해서 고생하는 것이 부모님에게서 공부에 대한 재능을 물려받지 못하고 태어나서 그렇습니까? 아니면 부모님이 제가 어릴 때 공부를 잘하도록 보살펴 주지 못해서 그렇습니까? 아니면 제가 너무 노는 데 정신이 팔려 공부를 안 해서 그렇습니까?"

그런데 예수님은 이 질문에 대해 이렇게 대답하셨지.

"이 사람이나 그 부모의 죄로 인한 것이 아니라, 그에게서 하나님이 하시는 일을 나타내고자 하심이니라."

공부 못 하는 아이에게 적용한다면 이렇게 되겠지.

"네가 현재 공부를 못 해서 고생하는 원인은 네게 공부에 대한 재능이 부족하거나, 부모가 공부에 대한 보살핌을 잘해 주지 못했거나, 네가 어려서 너무 놀았기 때문일 수도 있다. 그리고 너나 부모님이 반성하고 고쳐야 할 부분이 있을 수도 있다. 하지만 하나님은 네가 어떻게 할 수 없는 그 이전 상황도 다 알고 계시며, 많은 한계를 안고 있는 지금의 네 삶을 통해서도 하시고자 하는 일이 있다. 네 스스로 너무도 부족하다고 생각하는 현재의 모습을 통해서도 하나님은 영광을 받고자 하신다."

결핍과 좌절의 존재 이유

지수야! 하나님은 모든 인생을 향해 그 나름의 뜻을 두고 계셔. 각자의 인생을 통해 받고자 하시는 영광이 다 다르지. 달란트 비유를 보더라도 하나님이 각자에게 나눠 주시는 달란트의 분량이 다르잖니? 왜 한 달란트밖에 주지 않으셨냐고 불평하지 말고, 하나님이 주신 한 달란트를 어떻게 활용할 것인가에 관심을 가지렴. 그런 우리의 삶을 하나님은 기뻐하실 거야.

우리는 늘 과거에 매이기 쉽지. 부모님을 원망하거나 환경을 탓하고, 과거 잘못된 모습을 놓고 자학하면서 정작 현재 할 일을 소홀히 하는 경우가 많아. 그건 하나님에 대한 올바른 믿음이 없기 때문이야. 하나님은 우리 각자를 사랑하시고, 각자를 향한 뜻을 갖고 계셔. 다만 그 하나님의 사랑과 뜻이 우리가 바라는 것, 즉 세상 사람들이 추구하는 좋은 대학 나와 안정된 직장 구하고 돈 많이 벌어서 편하게 살 수 있게 되는 것하고는 차이가 있어. 하나님을 더욱 사랑하고 이웃을 많이 사랑하는 사람으로 살아가기를 원하시기 때문에, 우리가 생각하는 좋고 편한 길로만 인도하지 않으시고 결핍과 고통도 주시고 좌절도 허락하시는 거야.

그렇지만 지수야! 현재 어떠한 어려움과 한계가 있더라도 하나님은 모든 상황을 선하게 사용하여 우리를 좋은 길로 인도하시리라는 믿음을 붙드는 것이 중요해. 이 믿음을 토대로 주어진 상황에서 최선을 다해 노력하는 것이 중요하지.

당장은 눈앞에 주어진 성적과 대학밖에 보이지 않겠지만 하나님은 모든 상황을 통해 믿음, 성품, 삶의 태도 등 모든 면에서 우리를 연단해 가고 계시는 거야. 모든 상황을 통해 하나님이 우리를 당신의 자녀로 훈련해 가고 계심을 꼭 붙들자꾸나.

약점이 곧 너의 소명이야!

지수야! 또 하나 선생님이 하고 싶은 이야기가 있어. 흔히들 진로 혹은 인생을 향한 하나님의 뜻을 생각할 때, 특출한 재능이나 정말 하고 싶은 것이 무엇인지 찾으라고 권하지. 일반적인 원리로는 맞는 말이야. 하나님은 우리 각자에게 재능을 허락하시고, 마음속에 그 재능을 잘 사용하려는 열망을 주셔서 당신의 뜻을 이루기를 기뻐하시니까 말이야.

하지만 그와 동시에 생각해야 할 것이 있어. 재능과 열망을 통한 소명의 발견은, 하나님이 인도하시는 한 방법이지 전부가 아니야. 하나님이 우리의 진로를 인도하고 소명을 발견케 하시는 데는 또 하나의 도구가 있어. 그건 우리에게 허락하신 약점과 부족함, 실수와 방황, 불행과 아픔이라는 것이지. 즉 약점과 실수, 불행을 잘 살피면 나를 향한 하나님의 소명을 발견할 수 있어. 그리고 그것들을 잘 다루면 내 삶을 통해 하나님의 뜻을 이루어 갈 수 있는 길이 보이기도 해.

이러한 사실은 주변의 선배들이나 어른들께 어떻게 진로를 결정했고 소명을 발견하게 되었는지 물어 보면 쉽게 확인할 수 있어. 예를 들어 성격도 밝고 어렸을 때부터 친구들의 고민을 해결해 주는 역할을 하다 보니 상담을 전공하게 되었다는 사람은 많지 않아. 오히려 어려서부터 내성적이고 소심해서 다른 사람들과 쉽게 마음을 나누지 못해 고생했고 이를 극복하기 위해 몸부림치다 상담가의 길을 가게 된 사람들이 많아. 이런 사람들은 상담을 원하는 사람들이 무엇 때문에 아파하고 어떤 문제를 해결하지 못해 힘들어하는지 잘 알기 때문에 좋은 상담가로서의 역할을 하는 경우가 많아.

어려서부터 아이들을 좋아하고 가르치는 것을 좋아해서 혹은 좋은 선생님의 영향을 받아 교사의 길을 선택한 사람들도 많아. 하지만 어렸을 때 안 좋은 선생님을 만나 마음에 상처를 심하게 받은 사람들 가운데 교사를 선택한 이들도 있어. 상처를 준 선생님처럼 되지 않고, 고통 받고 힘들어하는 아이들의 눈물을 씻겨 주는 선생님이 되겠다는 결심으로 교사를 선택한 것이지. 이런 선생님들은 모범생의 코스를 밟아 온 교사들이 잘 이해하지 못하고 돌봐 주지 못하는 학생들을 잘 이해하고 그들의 친구가 되어 주는 경우가 많아. 인생의 아픔을 이해할 줄 아는 교사로 아이들 곁에 서고, 아이들도 그런 교사를 알아보고 따르는 것이지.

초라한 자의 쓰임새

약점과 실수와 불행이 우리의 진로와 소명을 인도하는 역할이 있는 건 사실이지만, 저절로 그 역할을 담당하는 것은 아니야. 약점과 실수와 불행을 통해 진로와 소명을 발견해 가기 위해서는, 있는 모습 그대로 하나님 앞에 나아가 이 모습을 허락하신 하나님의 뜻이 무엇인지를 묻는 과정이 반드시 필요해.

"주님, 이 작은 자를 통하여 어디에 쓰시려고 이렇게 초라한 모습으로 만들어 놓으셨나요?"

찬양 가사와 같은 이런 물음을 겸손하게 지속적으로 던져야 하는 거야. 그러면서 현재 주어진 삶의 한계 가운데서 자신이 할 수 있는 최선의 노력을 다하되 자신뿐 아니라 다른 사람에게까지 유익을 끼치려는 노력이 필요해.

우리는 많이 부족한 존재지. 그러나 주변을 조금만 돌아보면 우리와 비슷한 어려움을 겪고 있거나 더 힘든 상황에 있는 친구들도 많아. 혼자서 자신의 약점과 실수, 불행으로 아파하는 것이 아니라, 같은 아픔을 겪고 있는 다른 사람과 공감하고 그들의 입장에 서 보는 훈련이 필요해.

선생님은 너를 응원해!

'이 정도 상황에도 이렇게 힘든데, 나보다 더 안 좋은 상황에 있는 사람은 얼마나 힘들까?'

'내가 이 문제로 이렇게 힘들어하는 것처럼, 다른 사람은 또 다른 문제로 힘들어하겠지?'

'완벽하게 보이고 걱정이 없을 것 같은 저 친구도 나름의 아픔이 있겠지?'

이런 생각을 가지고 다른 사람들의 입장에 서 보는 거야. 나아가 단단한 마음의 자세를 갖고 행동을 결단하면 좋겠지.

'내가 이 문제를 잘 극복해서 같은 문제를 겪을 후배들에게 실제적인 도움을 주는 사람이 되어야지.'

'내가 겪은 이 문제를 다른 사람들은 겪지 않도록 우리 사회를 고쳐 나가는 일을 해야지.'

그렇지 않아도 성적 때문에 힘들 텐데, 선생님이 위로는 못해줄망정 그 위에 숙제만 하나 더 얹은 것은 아닌지 모르겠구나. 다음 편지에서는 네가 공부나 성적 때문에 느끼는 어려움을 풀어 갈 수 있는 좀더 구체적인 방법을 이야기하자꾸나. 🖋

6. 예수님이 수능을
   본 적이 있나요?

선생님, 지난번 선생님 편지를 읽으며 제 마음 깊은 곳에 있는 절망에 한 줄기 빛이 비치는 느낌을 받았어요. 그래서 현재 내 성적만 바라보고 주저앉아 있을 게 아니라 비록 부족할지라도 나를 향한 하나님의 계획하심이 있을 거라는 믿음이 생겼어요. 아닌 게 아니라요 며칠은 최근 들어 제일 열심히 공부한 것 같아요. 그런데 이 마음이 오래 가지 못하더라고요. 어제 모의고사 성적표가 나왔는데, 그 성적표를 보는 순간 다시 마음 가운데 '나는 안 돼'라는 생각이 밀려오는데 너무 힘들었어요. 그리고 선생님, 정말 죄송한데요, '선생님이 저에게 했던 좋은 말씀들이 과연 내 사정을 다 알고 했던 말일까' 하는 의구심이 생겼어요.

선생님은 인생을 멀리 내다보시니 좋은 말씀을 해주실 수 있지만, 시험 때문에 또 성적 때문에 제가 날마다 느끼는 두려움과 열등감에 대해서는 잘 모르시잖아요! 솔직한 제 마음은 사실 하나님을 향한 마음이기도 해요. 하나님은 우리를 구원해 주시고 천국으로 인도해 주시는 분이지만, 제가 날마다 느끼는 두려움과 아픔에 대해서는 잘 모르실 것 같거든요. '하나님께 기도하라'는 말은 많이 듣지만, 정말 내 마음속 깊은 것을 가지고 하나님께 기도하기가 힘든 것 같아요. 🪶

고민 앞에 기껏 기도라뇨?

지수야! 선생님의 편지를 읽고 자신을 향한 하나님의 계획하심을 바라보며 열심히 공부하기로 결심하게 되었다니 감사하구나. 하지만 이런 마음을 먹었다 해도 여전히 모의고사나 중간고사 성적표가 나오면 낙심되고 '대학에 못 가면 어떻게 하나?' 하는 두려움에 휩싸이는 것은 어쩔 수가 없다고 했지?

그래, 지수야! 우리 삶을 사랑하고 주관하시는 하나님에 대한 큰 믿음이 있다 해도 날마다 부딪히는 작은 일들 가운데서 하나님께 나아가 기도로 아뢰고 그분의 위로를 구하며 성령의 능력을 의지하는 일은 쉽지 않지. 그러니 더욱 반복해서 구해야 한다. 너뿐 아니라 선생님을 비롯해 모든 그리스도인들이 붙들어야 할 일상의 삶이지.

지수야! 그렇다면 왜 마음속에 고민이 많고 불안과 염려 가운데 지내면서도 기도의 자리에 나아가는 것이 쉽지 않을까? 아이들과 만나서 그들의 고민을 듣다가 선생님은 "그럼, 기도해 봐!"라고 이야기하곤 해. 그런데 이런 반응을 보이는 아이들이 많더구나.

"선생님, 저는 선생님이 무언가 특별한 답을 줄줄 알고 제 고민을 이야기했는데 기껏 기도라뇨?"

나로서는 '기껏 기도'가 아니고 정말 기도 외에는 문제를 풀어 갈 수 있는 답이 없어서 권한 말이었단다. 그런데 왜 아이들은 '기껏 기도'라고 생각할까 하는 것이 내 오랜 고민이었어.

얼마 전, 공부에 대해 고민하는 아이에게 하나님께 기도하라고 권했더니 따지더구나.

"선생님, 예수님도 수능을 본 적이 있을까요?"

그 말을 듣는 순간 한 대 얻어맞은 느낌을 받았어. 아무리 어른들이 '기도'만이 해답이라고 이야기해도 아이들의 머릿속 예수님은 '우리 문제를 이해하지 못하는 예수님'이라는 생각이 들더구나. 수능 때문에 고민하고 성적 때문에 우울한 너희를 이해하지 못하는, 그런 예수님 말이야.

사실 자신의 문제를 부모님이나 선생님과 상담하는 아이들은 별로 없고, 주로 친구랑 이야기를 하더구나. 부모님이나 선생님이 인생의 경험도 많고 실제로 문제를 '해결'해 줄 수 있는 힘이 있는데도 말이야. 선생님이나 부모님은 아이들에게 자신들의 문제를 '이해'해 주는 분이 아니라 판단하고 훈계하는 사람일 뿐이지. 그러니까 아이들은 문제를 풀어 주거나 해결해 줄 능력이 없다 해도 자신의 문제를 함께 느끼고 이해해 주는 친구들과 상담을 하는 거겠지.

그 아이의 이야기를 들으면서 선생님은 많은 반성을 했어. 결국 아이들이 예수님을 '자신들의 문제를 이해해 주지 못하시는 분', '나의 이 힘든 문제와는 상관없이 저 멀리서 근엄하고 거룩한 말만 하시는 분'으로 생각하고 있다는 거지. 결국 이건 부모님이나 선생님들의 잘못이 아닐까? 아이들이 생각하는 예수님 모습이란 결국 부모님이나 선생님 혹은 목사님을 통해 바라본 예수님이기 때문이지.

그렇지만 지수야! 선생님이 분명하게 말할 수 있는 것은, 예수님은 오늘날 한국의 중고등학생들이 겪고 있는 모든 문제를 다 체험하신 분이라는 거야. 너 혹시 이런 이야기 들어 봤니? 흑인의 예수님은 흑인이라는 것 말이야. 물론 예수님께 피부색이란 큰 의미가 없어. 하지만 백인들에게 차별받고 노예생활을 하던 흑인들에게는 예수님도 흑인 노예로 그들과 똑같이 차별받고 매 맞고 억울해서 우는 모습으로 함께하시는 거란다.

그와 마찬가지로 공부 때문에 힘들어하는 이 땅의 청소년들에게 예수님은 고등학교 3학년의 모습으로 함께 계시겠지. 아침 6시 30분에 일어나 아침을 먹는 둥 마는 둥 하고 학교에 지각하지 않기 위해 헐레벌떡 뛰어가는 모습. 수업 시간에 졸다가 선생님께 혼나고, 모의고사 성적이 원하는 만큼 나오지 않아 고민하는 모습. 성적표를 부모님께 보여 드려야 하는지를 두고 고민하는 모습으로 예수님은 너희와 함께하시는 거야. 히브리서 4장 15절 말씀을 보자꾸나.

우리에게 있는 대제사장은 우리의 연약함을 동정하지 못하실 이가 아니요 모든 일에 우리와 똑같이 시험을 받으신 이로되 죄는 없으시니라

예수님은 한국의 중고등학생을 포함해서 모든 인류가 겪는 고통을 친히 다 겪으신 분이란다. 그분은 십자가에 달리셔서 못 박히는 고통만 느끼신 것이 아니라 모든 인류의 죄와 연약함, 고통과 한계를 다 경험하신 거란다.

거기가 벼랑이 아니란다

지수야! 네가 겪는 갈등과 아픔을 미리 다 체험하셨고 아시는 예수님께 마음껏 나아가렴. 누구에게도 다 말할 수 없는 너의 힘든 상황을 예수님께 나아가서 이야기하렴. 특별한 형식이나 격식이 필요한 것도 아니란다.
"예수님, 성적이 안 나와서 힘들어 죽겠어요."

"예수님, 원하는 대학에 못 가면 어떻게 하죠? 부모님이 실망하는 모습을 볼 수가 없어요."

"예수님, 제 미래는 어떻게 되죠? 선생님이나 언니, 오빠들은 요즘에는 명문 대학을 나와도 취업하기가 힘들다고 하는데 제가 과연 직장이나 잡을 수 있을까요?"

편안하고 겸허히 예수님께 다 이야기하렴. 훨씬 더 마음속 깊이 자리 잡고 있는 부러움과 질투, 미움의 감정들도 이야기해도 된단다. 예수님은 네 감정들을 정죄하지 않고 품어 주시는 분이란다. 뭔가 다 말할 힘도 없을 때는 그냥 "예수님……" 하고 이름만 부르면서 실컷 울어도 된단다. 그렇게만 해도 예수님은 네 마음을 다 알고 받는 분이셔.

네 마음을 아시는 예수님께 마음을 다해 기도하면 반드시 응답해 주실 거야. 아마도 이렇게 말씀하시겠지.

"지수야, 괜찮다. 성적이 좋지 않아도 내가 너를 사랑한다. 네 상황이 어떻게 되든 관계없이 내가 너와 함께하겠다. 내가 네 앞길을 예비하고 책임질 거란다. 평안하게 네게 주어진 공부를 하렴."

선생님이 예수님도 아니면서 예수님이 응답하실지, 그리고 어떤 말씀을 하실지 어떻게 아냐고? 지수야! 예수님께 자신이 겪고 있는 모든 상황을 가지고 기도로 나아갔던 많은 믿음의 선배들의 체험을 선생님이 말한 거야. 선생님도 고등학교 시절 비슷한 응답을 받았었고.

지수야! 나는 입시에 시달리는 우리나라 아이들을 볼 때 참 마음이 아프단다. 그러나 어떤 면에서는 입시가 하나님이 우리나라 아이들에게 준 하나의 선물일지도 모른다는 생각을 해. 무슨 말도 안 되는 소리냐고? 조금 짜증이 나려 해도 선생님의 말을 한번 들어 보렴.

하나님은 모든 인생의 시기마다, 그리고 모든 사람에게 고통과 아픔을 주셔. 바로 그 고통과 아픔을 통해 사람들은 하나님께 나아와 하나님을 만나며 그분 안에서 인생의 진정한 의미를 발견하고 영생에 참여하라는 부르심을 받지.

너희들은 지금 겪고 있는 공부와 입시 문제가 인생에서 가장 큰 고통이고, 이것만 지나가면 행복이 주어질 거라 생각할 거야. 그러나 살아보면 결코 그렇지가 않아. 대학에 가면 중고등학교 때 겪었던 고통은 사라지지만 대학생이 겪어야 할 또 다른 고통이 주어져. 중고등학생 때 공부와 입시 문제로 겪었던 고통보다 결코 작지가 않아. 대학을 졸업한 후 취업하고 결혼하면 또 그때 겪어야 할 고통이 주어지는데, 어찌 보면 청소년 때의 고통보다 더 힘든 것일 수 있어. 이렇게 말하면 인생에 행복은 없고 고통만 있는 것처럼 느껴지지만 사실 인생에는 행복과 고통이 섞여 있지. 고통 없이 행복만 있는 시기는 없는 거야.

'고통'이란 이름의 선물

왜 이렇게 하나님은 인생의 단계마다 고통을 주실까? 고통이 없으면 사람들이 하나님을 찾지 않기 때문이야. 사람은 연약해서 고통이 주어지면 하나님을 찾고 의지하지만, 평안할 때는 자신을 의지하고 자기 힘으로 살려는 경향이 있거든. 인생의 고통 가운데서 하나님을 찾고 하나님 안에서 평안과 안식을 발견하고 하나님과 교제하는 법을 배우는 거지. 그러나 그렇지 않은 사람들도 있어. 고통 가운데 하나님을 찾고 발견한 사람은 영원한 생명에 이르지. 하지만 같은 고통이 주어지더라도 하나님을 찾지 않고 자기 힘으로 살아가려는 사람은 살아서도 지옥이고, 결국 영원한 형벌에 이르는 거야.

이런 의미에서 우리나라 중고등학생들이 겪는 공부와 입시 문제는 그 시기에 하나님이 당신께 나아오라고 주신 부르심이라는 거야. 그래서 '하나님의 선물'이라고 표현할 수 있는 거지.

중고등학생 누구에게나 공부와 입시로 인한 고민과 아픔, 고통이 있지. 그러나 하나님께 나아가 하나님이 주시는 위로와 평안을 맛보는 아이들은 어떤 점수나 대학보다도 소중한 것을 얻는 거야. 이렇게 하지 못하고 공부와 입시에만 매달린 아이들은 좋은 성적을 거두고 명문 대학에 간다 할지라도 이 시기에 얻어야 할 중요한 것을 얻지 못한 거라고 할 수 있어.

이것은 대학에 가고 사회에 나가면 큰 차이로 나타나지. 앞서 말한 것처럼 대학생이나 사회인이 겪는 고통은 중고등학생이 겪는 고통보다 결코 작지 않아. 중고등학생 시절 공부와 입시 문제로 하나님께 기도로 나아가 응답받고 하나님을 만난 아이들은 대학생이 되어 겪는 고통 앞에서도 흔들리지 않아. 오히려 하나님이 주시는 위로와 도움을 힘입게 되지. 이런 식으로 계속 인생을 살아가면 큰 어려움과 환란 앞에서도 당당하게 믿음으로 이겨 나가는 삶을 살 수 있단다.

물론 우리나라 학생들처럼 공부와 입시로 치열하게 고민하고 힘들어해야 하는 것이 결코 바람직한 상황은 아니야. 청소년기에는 이런 고민이 아니더라도 '나는 누구인가?', '나는 어떻게 살 것인가?' 등 '건강하게' 고민할 것이 많지. 그러나 불행히도 우리나라의 어른들이 아직까지 중고등학생이 겪는 공부와 입시의 문제를 해결해 주지 못해 아이들이 이 짐을 져야 하는 것이 현실이야. 이런 현실이 놓여 있는 이상, 하나님께 나아가는 법을 훈련해 가는 것이 최선이라고 생각해. 또한 하나님도 너희들이 다가오기를 원하고 계실 거야.

지수야! 기도는 시간을 정해서도 해야 하고 무시로도 하는 거야. 아침과 저녁, 시간을 정해 놓고 짧은 시간이지만 하나님께 기도하렴. 또 일상 가운데서 어렵고 힘들 때마다 혹은 감사할 때마다 주님을 찾고 부르렴.

힘들겠지만 이 기도의 참맛을 알고, 기도가 훈련된다면 너는 힘든 중고등학교 시기를 보내면서 소중한 자산을 얻게 되는 거란다. 어때? 선생님과 기도하기로 약속하는 거지?

7. 시험과 성적 앞에서 쪼그라드는 이 마음

선생님, 제 투정에 친절하게 답해 주셔서 감사해요. 아마도 그것이 저를 향한 하나님의 마음이겠죠? 그래서 하나님께 기도할 수 있는 힘이 생기는 것 같아요.

그런데 선생님, 공부와 신앙의 관계에서 가장 힘들 때가 시험 기간이에요. 친구들은 다 공부에 집중하고 있을 때, 저만 주일에 교회 갔다 오면 큰 손해를 보는 느낌이에요. 방학 때도 교회 수련회와 학교 보충수업 기간이 꼭 겹치잖아요. 이때도 어떻게 해야 할지 솔직히 힘들어요.

더욱 이상한 것은, 많은 친구들이 이런 고민을 하지 않는다는 거예요. 마치 당연한 것처럼 시험 기간에는 교회에 나가지 않고, 방학 때는 학교 보충수업이나 학원 수업을 선택하지 수련회는 빠지죠. 그리고 그 친구들의 부모님들도 교회에서 신앙이 좋은 어른들인데도 친구들의 행동을 나무라지 않는다는 거예요. 사실 제 부모님도 말씀은 하지 않지만, 제가 교회 활동을 하느라 공부에 소홀할까 봐 은근 걱정을 많이 하셔요. 이런 모습을 보면 정말 신앙이 무엇일까 하는 생각을 하게 돼요. 아니면 제가 잘못된 것일까요? 🍃

삶의 우선순위를 정하자

지수야! 선생님이 공부와 입시 문제로 고통을 겪더라도 하나님께 나아가는 법을 배워야 한다고 이야기했지? 이것이 쉽지 않다는 것을 선생님도 잘 알아. 하지만 이 방법 외에 다른 방법이 없다는 것 또한 분명한 사실이야. 그렇기 때문에 이 사실을 붙들고 하나님께 나아가렴. 그리고 너뿐 아니라 주변에서 힘들어하는 다른 친구들도 주님께 나아가도록 도와주어야 해.

공부와 입시 문제로 하나님께 나아가도록 격려하고 도와주는 일들이 믿음의 가정이나 교회에서도 제대로 이루어지지 않는 게 선생님도 안타까워. 고등학교 2학년이나 3학년이 되어 입시가 가까워질수록 더 많이 기도하고 열심히 신앙훈련을 받아야 하지. 그 힘든 시기를 주님을 의지함으로써 이겨 나갈 수 있을 텐데, 오히려 반대로 치닫는 경우가 많은 것 같아.

요즘 교회들을 보면 시험 기간이 되면 출석률이 뚝 떨어지지. 그뿐 아니라 고등학교 2학년이나 3학년이 되면 아예 교회에 나오지 않고 학교나 학원에 가는 경우가 많더구나. 마치 '학원 끊듯이 교회를 끊었다'는, 아이들의 표현을 들을 때마다 가슴이 아프단다.

지수야! 이렇게 하는 것은 너도 알다시피 어리석은 일이란다. 공부란 많은 시간을 투입하는 것도 중요하지만 집중력이 생명이거든. 사람이 제대로 집중하려면 주일에는 쉬어야 해. 물론 잠 자거나 텔레비전을 보거나 게임을 하는 것도 쉼이겠지. 그러나 하나님께 예배드리고 하나님의 말씀을 배우는 일이야말로 영혼이 새롭게 되는 가장 좋은 쉼이야. 주안에서 안식을 경험할 때 공부도 더 열심히 할 수 있지.

지수야! 사람은 무엇보다 은총의 존재임을 명심하렴. 우리의 힘과 노력으로 무엇이든 성취할 수 있을 것으로 생각하지만, 인생은 결코 그렇지가 않아. 사람이 최선을 다한다 하더라도 하나님이 함께하고 복 주셔야만 우리의 길이 평탄하게 열리는 거야. 혹 우리가 환란과 어려움을 당한다 할지라도 흔들리지 않을 수 있는 그 힘도 하나님을 의지하는 데서 오는 거야. 그런데 하나님의 은총이 무엇보다 필요할 때 오히려 하나님의 은총에서 멀어진다는 건 어리석은 일이지 않니?

믿음의 시험지를 펼치렴

지수야! 과학 시간에 리트머스 시험지 배웠지? 산과 염기를 구별해 주는 종이 말이야. 선생님은 중고등학생 때 주일을 지키는 것과 여름·겨울 수련회에 참석하는 일이 신앙의 리트머스 시험지라고 생각해. 시험 기간이 되거나 입시가 다가올수록 공부할 시간이 모자라는 것을 경험할 거야. 주변 친구들은 평일에도 열심히 공부할 뿐 아니라 주일에도 학교와 학원에서 열심히 공부하는 것으로 보일 거야. 그리고 시험 기간이나 대입 수능시험이 다가오는 시기에 주일 4-5시간을 공부하지 않고 예배드리는 것이 어리석어 보일수도 있을 거야. 뭔가 손해 본다는 생각이 들겠지. 하지만 선생님은 바로 이것이 중고등학생 시기에 겪어야 할 믿음의 시험이라고 생각해.

자, 시험이나 입시가 다가오는데 안 그래도 시간은 모자라고 해야 할 공부는 쌓여 있어 마음은 초조한데, 주일이나 수련회가 다가온다고 생각해 보자. 마음에 갈등이 생기겠지. 주님을 의지함으로 주님께 순종한다는 마음으로 주일을 지키고 수련회에 참석한다면 한편으로는 마음이 기쁠 거야. 그러나 다른 한편으로는 마음이 불안할 거야. 그 시간에 친구들은 공부하기 때문에 앞서 갈 거라는 생각이 들겠지. 그럴 때 우리는 기도해야 해.

'하나님, 시험은 다가오고 공부가 밀려 있지만, 저는 하나님 말씀에 순종하여 예배와 성경공부 등 주일성수를 하려고 합니다. 수련회 3박 4일이 부담스럽고 긴 시간이지만 이 시간을 주님께 드리기를 원합니다. 주님, 귀한 시간을 쪼개어 바칩니다. 저에게 힘을 주시고, 주일에 하지 못했던 공부를 평일에 효율적으로 할 수 있도록 도와주세요. 또 수련회 기간에 하지 못했던 공부를 다른 기간에 할 수 있도록 집중력을 더해 주세요.'

이 기도를 하나님이 외면하시겠니? 하나님의 말씀에 순종하기 위해 자신의 귀한 것을 바치고, 무언가 손해를 본 후 하나님께 기도할 때의 그 비장함은 무엇과도 비교할 수 없는 믿음의 중요한 경험이야. 이 기도 후에 하나님이 채워 주심을 경험하는 것이야말로 앞으로의 삶에 더없이 소중한 자산이 되는 거지. 선생님은 지수가 이 소중한 믿음의 비밀들을 알아 가는 기회를 놓치지 말았으면 좋겠어. 그리고 이러한 경험을 후배들에게 들려주고 본이 되면 좋겠어.

네 인생의 주인이 누구니?

지수야! 물론 선생님은 잘 알고 있다. 네 주변에 시험을 앞두고도 주일을 온전히 지키는 친구들, 학교와 학원보다 교회 수련회를 우선시하는 친구들이 많지 않다는 것을 말이야. 심지어 부모님이 목사님, 장로님, 집사님인데도 자녀들이 주일을 지키고 수련회에 참석하느라고 학원에 빠지는 것을 싫어하는 분들도 많지.

부모님과 어른들이 잘못하고 있다는 것을 이야기하고 싶구나. 선생님이 분명히 말할 수 있는 것은, 어른이나 아이나 할 것 없이 그리스도인이라면 누구도 피할 수 없는 물음이 있다는 거야.

"네 인생의 주인이 누구냐?"

바로 이 물음이지. 이 물음은 우리 삶의 미래와 행복을 좌우하는 것이 명문 대학, 좋은 직장, 좋은 배우자냐, 아니면 하나님이냐 하는 것이야. 다른 말로 하면 돈이냐, 하나님이냐 하는 것이지. 그리스도인 부모들 가운데 자녀가 주일에 교회 가서 예배드리고 안식하는 것보다 학원에 나가기를 원하거나, 방학 때 수련회에 참석하는 것보다 학교 보충수업에 참석하기를 요구한다면 어떤 뜻일까? 그것은 인생을 살아보니 신앙이나 하나님보다는 돈과 사회적 지위가 더 중요하다고 고백하는 것이나 마찬가지 아닐까.

지수야! 혹 이러한 잘못을 부모님이 한다면 네가 부모님께 우리 삶의 주인이 하나님임을 분명히 말씀드리렴. 그리고 부모님과 무관하게 스스로 하나님의 이 물음 앞에서 바른 대답을 할 수 있어야 해.

"하나님, 제가 주일에 예배와 중고등부 활동에 참여하느라 학원에 가지 못했습니다. 또 방학 때 보충수업에 빠지고 교회 수련회에 참석하느라 공부할 시간을 많이 잃어버렸습니다. 하지만 하나님이 다른 방식으로 그 부분까지 채워 주실 것을 믿습니다. 혹 그렇지 않더라도 저는 하나님을, 예배를 그 무엇보다 우선순위에 두는 삶을 살겠습니다."

지수야! 현재 처한 상황과 그 속에서 믿음을 지키기도 어려운 너희 세대에게 부모 세대의 연약함까지 끌어안고 뛰어넘으라고 요구하는 것이 무리인 것은 선생님도 잘 알고 있단다. 선생님은 지금의 부모 세대가 자녀의 학업과 입시 문제에서 믿음을 지키지 못하고 세상의 염려에 너무 밀린 것 같아 안타깝기 그지없다. 이 부분에서 너희 세대는 부모님 세대의 한계를 뛰어넘어 더욱 온전한 믿음으로 나아가기를 간절히 기도한단다. 🖋

8. 비전이란 무엇인가요?

선생님, 오늘은 조금 다른 질문을 하고 싶어요. 교회에서 목사님들이 설교할 때 '비전을 가지라'는 말씀을 많이 하셔요. 그런데 저는 이 말을 들을 때마다 이 말의 뜻이 잘 다가오지 않아요. 그냥 큰 꿈을 가지라는 이야기일까요? 그렇다면 이 말은 예수님을 모르는 사람도 하는 말이잖아요.

그리고 아주 어릴 때는 사람들이 꿈을 물으면 '대통령' '과학자' '탐험가' 등 내 현실을 생각하지 않고 아무 얘기나 했지만 지금 제 나이에 현실을 고려하지 않고 초등학교 저학년들이 하는 것과 같은 황당한 꿈을 이야기하면 친구들이 다 비웃을 거예요. 망상이라고 하겠지요? 그런데 목사님 말씀대로 지금 내 현실에 얽매이지 않고 큰 비전을 가져야 한다면 이 비전은 망상과 무슨 차이가 있을까 하는 생각이 들어요.

또 하나 혼란스러운 것은, 성경 말씀에 보면 개인의 야망과 욕심을 버리라고 하잖아요? 그런데 비전을 가지려면 현재 내가 가진 것 이상의 야망도 좀 가져야 하고 미래에 대해 어느 정도 욕심도 갖고 노력해야 하는 것 아닌가요?

하여간 비전이라는 말이 듣기는 좋은 말인데 현실 속에서 곰곰이 생각해 보면 쉽게 잡히지가 않아요. 선생

님, 지금 제가 처한 현실 가운데서 비전을 갖는다는 것은 어떤 의미일까요? 🖋

고통의 이정표를 따라 비전을 찾으라

지수야! '비전'이 무엇이냐고 물었지? 흔히 교회에서 전도사님이 설교를 하거나 어른들이 조언을 하면서 비전을 가져야 한다고 하지만 정작 이 비전이 정확하게 무엇인지 또 어떻게 하면 비전을 가질 수 있는지 명확하게 답해 주지 않는다고 했지? 또 현재 상황에 얽매이지 말고 큰 비전을 가져야 하는 것이라면 망상과 무슨 차이가 있는지도 궁금하다고 했지? 성경은 다른 면에서 개인의 야망과 욕심을 버리라고 하는데 이 성경 말씀과는 어떻게 조화를 이룰 수 있는지도 모르겠다고 했지?

좋은 질문이구나. 흔히들 비전을 설명할 때 클라크(William S. Clark) 목사님이 말씀하신 "소년이여, 야망을 가져라(Boys, Be ambitious.)"라는 구절을 인용하지. 그래서 야망이나 큰 꿈을 갖는 것을 비전이라고 설명하는 경우가 많아. 하지만 클라크 목사님이 삿포로 농업학교를 떠나면서 제자들에게 말했던 원문을 살펴보면 다음과 같아.

소년들이여, 야망을 가지게. 돈이나, 자기를 드높이기 위해서나, 명성이라고 부르는 덧없는 것들을 위해 야망을 가지지 말게. 사람으로서 마땅히 해야 할 것을 성취하기 위해 야망을 가지게.(Boys, be ambitious. Be ambitious not for money, or for selfish aggrandizement, not for that evanescent thing which men call fame. Be ambitious for that attainment of all that a man ought to be.)

비전이란 우리가 흔히 생각하듯 자신의 욕심이나 명성을 이루기 위해 높은 목표를 세우는 것과는 거리가 멀다는 것을 알 수 있겠지.
성경이 말하는 비전의 의미에 대해서는 존 스토트(John Stott) 목사님이 올바른 정의를 주셨지.

비전이란, 현재 존재하는 어떤 것에 대한 깊은 불만족과 그것이 어떻게 바뀌어야 하는지에 대한 분명한 생각을 붙드는 것으로 구성된다.(Vision is compounded of a deep dissatisfaction with what is, and a clear grasp what could be.)

무슨 의미인지 다가오니? 흔히들 생각하는 비전의 개념과는 상당히 다른 이야기를 하는 것 같지?

좀더 자세히 설명해 줄게. 우선 비전을 찾는다고 할 때, 우리가 처해 있는 현실을 떠나 막연한 이상을 바라봐서는 안 돼. 내가 처해 있는 주변의 삶을 둘러보는 것에서 시작해야 하는 거야. 하나님은 현재 내가 처한 삶과 전혀 무관한 영역에서 나를 부르시고 내게 비전을 주시는 분이 아니라는 뜻이지. 하나님은 우선 나로 하여금 내 주변 영역에서 하나님의 뜻과 어긋나 왜곡된 부분이나 그로 인해 고통당하는 사람들의 아픔에 주목하게 하셔. 나도 고통당하는 사람들과 같은 아픔을 느끼게 하시고 그 아픔으로 하나님께 호소할 때 그 문제 가운데로 나를 보내어 문제를 풀기 원하시지. 이런 과정을 통해 나를 향한 하나님의 비전을 발견해 가는 거지.

현장으로 나가자!

어릴 때 슈바이처 박사님의 전기를 읽어 본 적이 있을 거야. 소년 슈바이처가 아프리카 흑인들을 위한 의료 선교사의 삶을 살아야겠다고 결심하는 이야기가 나오지? 그런 결심은 중학교 1학년 때 낙제를 받아 고향에 와 있을 때 한 거래. 어머니가 슈바이처를 격려하고 공부에 대한 동기부여를 하기 위해 시장으로 데리고 가지. 그 시장 한가운데는 유명한 독일 장군의 동상이 서 있었어. 그 장군은 아프리카를 정복해서 그곳을 식민지로 삼고는 흑인 노예들을 많이 잡아 왔던 자였지. 어머니는 그 동상을 가리키며 열심히 공부해서 그 장군같이 유명한 사람이 되어야 한다고 이야기했대. 그런데 그 순간 슈바이처의 눈길은 그 장군이 아니라 장군의 동상 아래 무릎 꿇고 있던 흑인 노예를 향하고 있었어. '왜 똑같은 인간인데, 한 사람은 지배자가 되고, 다른 사람은 노예가 되어야 할까?'라는 의문과 아픔이 슈바이처의 마음을 강타한 거지. 그 순간 슈바이처는 기도했대.

"하나님, 이제부터는 열심히 공부해서 저 아프리카 흑인들을 고통에서 해방시키는 삶을 살고 싶습니다."

이 순간이 슈바이처에게는 비전을 붙드는 시간이었지. 그리고 이후 슈바이처는 의학과 신학, 음악을 열심히 공부해서 아프리카 흑인들을 위해 온 인생을 쏟아붓게 된 거야.

또 한 명의 예를 들어 볼게. 세계적인 구호단체인 월드비전 알지? 1950년 한국전쟁 때 전쟁고아를 돕기 위해 만들어진 단체지. 창설자인 밥 피어스(Bob Pierce) 목사님은 한국전쟁 때 종군기자로 처음 한국에 왔어. 그가 목격한 한국전쟁 후 한국인들의 삶은 너무 비참했어. 특별히 전쟁고아들의 처참한 삶을 목격하면서 도무지 그냥 지나칠 수가 없었던 거야. 그래서 이 황폐한 땅과 울부짖는 전쟁고아들을 품고 무릎을 꿇었지.

"하나님의 마음을 아프게 하는 것으로 제 마음도 아프게 하소서"(Let my heart be broken with the things that break heart of God.).

그러고는 미국으로 돌아가 한국전쟁의 참상을 알리면서 구호활동을 시작했지. 이 단체가 성장해 이제는 세계 곳곳의 굶주린 아이들을 돕고 생명을 살리는 역할을 하고 있단다.

지수야! 비전에 대한 존 스토트 목사님의 정의나, 슈바이처 박사님과 밥 피어스 목사님의 삶을 보니 비전이 어떻게 다가오니? 왜 우리가 비전을 찾기가 어려운지, 왜 우리가 생각하는 비전이 세상적인 욕망과 혼재되는지가 더욱 분명하게 드러나지 않니? 왜 우리는 비전을 찾는다고 하면서도, 우리 삶을 향한 하나님의 음성을 듣고 싶다고 하면서도, 하나님이 말씀하시는 그 현장에 나아가지 않는 걸까? 하나님은 이 왜곡된 세상의 고통 받는 사람들 가운데서 말씀하고 계시는데도 우리는 그곳으로 나아가지 않아. 학교와 학원, 도서관이나 교회 공동체 안에만 있기 때문에 하나님의 부르심을 듣지 못하고 비전을 보지 못하는 경우가 많아.

물론 너희는 학생 신분이기에 대부분의 시간을 학과 공부에 쏟을 수밖에 없어. 그리고 앞에서 선생님이 이야기했듯,

하나님은 그 학과 공부를 통해서도 우리의 길을 인도하시고 비전을 주시기도 해. 하나님께 각자 자기 삶의 문제를 놓고 간절히 기도하는 것 역시 무엇보다 중요해. 하지만 이 세상의 고통과 아픔을 향해 나아가는 노력도 해야 하는 거야.

과정을 통한 비전 탐색

지금 너희들의 상황에서는 봉사활동 같은 것이 비전을 찾기 위한 하나님의 음성을 들을 수 있는 대표적인 경우가 되겠지. 그냥 하기 쉬운 곳에 가서 시간을 채우겠다고 생각하지 말고, 할 수 있다면 힘든 곳을 찾아가 봉사하면 좋겠어. 혹 교회에서 단기선교를 갈 기회가 있다면 꼭 가면 좋겠어. 해외 경험의 경우 선진국을 보고 오는 것도 도움이 되지만, 가난하고 힘든 선교지가 하나님의 음성을 듣기에는 더 좋은 곳이야.

선생님은 너희들이 사회에서 일어나는 일에도 관심을 갖길 바란다. 사회 문제에 대해 부모님이나 교회 선배들과 이야기를 많이 나누면 좋겠어. 기회가 된다면 분쟁이 있는 곳이나 시위와 농성을 하는 곳에도 가보렴. 왜 시위와 농성을 하는지 현장에서 알아보는 것도 비전을 찾아가는 데 많은 도움이 될 거야.

여러 경로를 통해 자신의 비전과 장래희망에 대해 나름 대로 무언가를 붙들었을 경우, 비전이 좀더 구체화되지. 그리고 그런 비전을 확실하게 하기 위해 자신이 붙든 비전의 현장에 나아가는 노력을 계속하는 것이 필요해.

예를 들어, 의사나 간호사에 관심이 있다면 실제로 병원에 가서 여러 질병의 환자를 돌보는 봉사활동을 많이 해보면 좋겠지. 또 교사가 되기를 원한다면, 공부를 못해서 힘들어하는 반 아이들에게 시간을 내어 공부를 가르쳐 주거나 교회 후배들의 공부를 도와주는 것도 좋을 거야. 마찬가지로 법관에 관심이 있는 사람은, 법정 참관뿐 아니라 학급에서 억울한 일을 당한 친구들을 돕고 변호하는 일을 해보면 좋을 거야. 공무원에 관심이 있다면, 신문 등에 나타난 우리 사회의 잘못된 부분들을 찾아서 어떻게 고쳐 나갈 수 있을지 고민해 볼 필요가 있지.

이러한 과정을 통해 하나님은, 우리가 찾은 비전을 더 분명하게 해주시기도 하고, 비전이 잘 맞지 않음을 보여 주시며 다른 비전을 주시기도 해. 그리고 비전을 이루기 위해 무엇을 준비해야 할지도 보여 주시지. 비전을 향해 더 열심히 공부하고 준비할 수 있는 힘과 에너지도 주셔. 무엇보다 하나님은 이 과정에서 우리의 비전을 순결하게 만들어 가시지. 우리가 하나님 앞에서 어떤 비전을 찾았다고 하지만 그

안에는 늘 욕심이라는 불순물이 끼어 있기 마련이야. 인간의 죄성으로 인한 어쩔 수 없는 현상이지. 하지만 하나님은 우리가 붙든 비전의 현장 가운데서 고통의 문제를 보도록 이끄시지. 고통 가운데 임하시는 하나님의 마음을 우리에게 보여 주심으로, 우리가 욕심을 벗고 하나님의 마음에 더 가까워지도록 인도해 가시는 거야.

지수야! '하나님 아버지의 마음'이란 찬양 알지? 오늘은 이 찬양으로 마무리하면 좋겠구나.

아버지 당신의 마음이 있는 곳에
나의 마음이 있기를 원해요.
아버지 당신의 눈물이 고인 곳에
나의 눈물이 고이길 원해요.
아버지 당신이 바라보는 영혼에게
나의 두 눈이 향하길 원해요.
아버지 당신이 울고 있는 어두운 땅에
나의 두 발이 향하길 원해요.
나의 마음이 아버지의 마음 알아
내 모든 뜻 아버지의 뜻이 될 수 있기를,
나의 온 몸이 아버지의 마음 알아
내 모든 삶 당신의 삶 되기를.

9. 딴 생각할 틈도
없다고요!

선생님, 선생님의 설명을 듣다 보니, 그동안 제가 비전에 대해 잘못 알고 있던 부분들이 이제 좀 보이는 것 같네요. 황당한 꿈과 구체적인 직업 사이에서 혼란스러워만 할 게 아니라, 하나님이 이 세상을 보시면서 아파하는 곳이 어딘지를 잘 살펴야겠다는 생각도 들어요.

하지만 선생님, 다른 한편에서 드는 생각은, 지금 우리들은 오직 공부에만 집중해야 하잖아요. 그러지 않고 비전을 찾는다며 우리 사회의 아픔이 있는 곳을 찾다 보면 금방 성적이 떨어질 걸요?

공부와 성적 중심으로 돌아가는 현실에서 어떻게 하나님의 마음을 따라 비전을 찾아갈 수 있을지 좀더 자세히 설명해 주세요.

건강한 방황과 체험이 필요해

지수야! 비전에 관한 지난번 편지에 대해 주어진 학업을 따라가기 바쁜 한국의 아이들에게 과연 얼마나 가능한 일인지 의문을 제기했지? 그래, 선생님도 우리 교육의 현실과 아이들이 처한 상황을 누구보다 잘 알고 있다. 하지만 얼마나 많은 아이들이 삶에 대한 비전을 붙들지 못하고 있기 때문에 공부에 대한 동기 부여가 되지 않고, 그러다 보니 능률이 잘 오르지 않는 가운데 공부를 놓을 수도 없는, 이러지도 못하고 저러지도 못하는 현실도 잘 알고 있다. 이렇게 삶에 대한 분명한 비전을 붙들지 못한 아이들에게 오직 좋은 대학에 가야 한다는, 다른 사람을 이겨야 한다는 식으로 채찍만 하고 있으니 이런 상황에서 힘들어하는 아이들을 보면 어른 세대의 한 사람으로 정말 미안한 생각이 든다.

그런데 지수야! 선생님이 세계 여러 나라를 다녀 보니 너와 같은 중고등학생 시기에 있는 아이들은 예외 없이 자기 삶의 비전을 찾기 위해 고민하고 방황하며 힘들어하더구나. 다만 우리나라의 경우 이 시기에 삶에 대한 고민이 온다고 해서 이 고민에 빠져 있으면 성적이 떨어지기 때문에 어른들은 아이들로 하여금 이러한 생각에 빠질 여유를 주지 않고 성적 경쟁으로만 몰아넣고 있는 거지. 그런데 서구의 많은 나라들의 경우 우리처럼 과도한 성적 경쟁 체제가 아니기 때문에 청소년 시기의 아이들이 자신의 삶을 놓고 고민하고 방황하는 것을 당연하게 받아들이고, 이 방황을 건강한 성장의 에너지로 만들어주기 위한 여러 제도적 장치를 만들어 놓은 거야.

어떤 장치가 있냐고? 선생님이 가장 인상 깊게 본 나라는 덴마크야. 덴마크의 경우 원래 대안학교가 발달한 나라이긴 한데, 중학교와 고등학교 사이에 애프터스쿨(After School)이라는 매우 특별한 1년제 대안학교가 있더구나. 중학교를 졸업했지만 인문계 고등학교를 갈지 직업 고등학교를 갈지 잘 모르겠다든지, 자신이 문과 적성인지 이과 적성인지 모르겠다든지, 혹은 자신이 앞으로 무엇을 해야 할지 왜 사는지도 모르겠고, 1년 정도 쉬면서 친구들과 깊은 우정을 나누고 싶은 아이들이 이 학교를 선택한다. 이 학교는 주로 시골 지역에서 기숙학교로 운영되는데 음악, 미술, 체육 활동을 주로 하면서 다양한 동아리 활동을 통해 삶의 체험을 하고 캠핑, 기숙사 생활, 여행 등을 통해 삶을 고민한다고 하더구나. 물론 중학교 재학 중에도 학교 생활이 힘들고 고민이 많을 경우 이 학교를 선택할 수도 있고 말이야. 그런데 덴마크에서는 중학교 졸업생의 20퍼센트 정도가 이 학교를 거친다고 하더구나.

핀란드의 예를 하나 더 들어볼게. 이 나라에서는 인문계 고등학교의 경우 대학처럼 학점제로 운영을 해. 그래서 빠르면 2년 반만에도 졸업할 수 있지만, 이렇게 하거나 3년만에 졸업하는 경우는 많지 않고 보통 3년 반에서 4년 반에 걸쳐 졸업을 해. 그러니까 학교에 다니지만 자신이 앞으로 무엇을 해야 할지 잘 모르겠는 경우 학교를 쉬고 다른 나라를 여행하거나 삶의 현장을 체험하는 시간들을 가지면서 자신의 비전을 분명하게 찾아가는, 그런 체제더구나. 그래서 고등학교를 졸업했으니까, 남들이 다 대학 가니까 자신도 대학에 진학하고, 대학에서 무엇을 공부해야 할지 모르는 가운데 그냥 대학에 진학하는 경우가 거의 없더구나. 당연히 특정 대학, 특정 직업에서 과도한 경쟁이 벌어지는 일도 없고, 다양한 전공 영역으로 자연스럽게 분산되더구나.

핀란드 중학교 졸업생의 50퍼센트가 넘는 아이들이 진학하는 직업 고등학교의 경우, 학교를 다니다가 중간에 그만두는 아이들이 많더구나. 직업 고등학교의 중도탈락률이 40퍼센트가 넘는다고 하니 어쩌면 우리보다 탈락률이 높은 편이지. 그런데 이 탈락생들이 언제든지 학교로 돌아올 수 있는 체제를 갖추고 있어서 이것이 큰 문제가 되지 않더구나. 선생님이 가 보니 직업학교에는 고등학생 또래의 학생이 절반 정도 있고, 나머지 절반 정도는 20대 초·중반이어서 몇 년 방황하고 다시 학교에 다니더라도 별 문제가 없어 보이더구나.

이런 나라들에 비하면 우리나라 중고등학생들은 큰 방황이나 시간 낭비 없이 청소년기를 보내는 것처럼 보이지? 그렇지만 실은 청소년기에 마땅히 고민해야 될 자기가 누구이고, 왜 살아야 하며, 어떻게 살아야 하고, 또 자신이 무엇을 하며 살지에 대한 충분한 고민을 하지 않고 입시 체계에 묻혀서 보내는 거지.

그러면 이것이 끝이 아니고 이 고민을 대학에 가서 시작하는 거야. 청소년기에 하지 않고 묻어둔 사춘기를 대학 시절에 보내는 거지. 중고생 시절에 자신의 비전은 무엇이고 앞으로 무엇을 하며 살아야 할지에 대한 충분한 고민을 하지 않았기에 대학에 진학한 후 자신의 전공에 만족하지 못하여 학과를 옮기거나 편입을 하는 선배들이 매우 많지. 그리고 자신의 삶의 방향을 정하지 못해 휴학하고 방황하는 선배들도 많아. 개인적·사회적 비용을 따지자면 중고등학생 시기에 공식적으로 방황할 수 있는 체제를 마련해 주는 나라에 비해 훨씬 많은 비용을 지불하고 있는 셈이지.

이 부분과 관련해서 최근 우리나라에도 조금씩 변화가

있다는 것을 지수도 잘 알 거야. 최근 대학 입시에서도 입학 사정관제가 실시되면서 자신이 살아온 삶과 앞으로 하고자 하는 공부에 대해 자기 소개서와 학업 계획서가 중시되고, 동아리 활동이나 봉사활동 등도 중시되는 추세야. 그런데 이런 제도들도 자신이 자기 삶을 놓고 하나님이 자신에게 주신 비전이 무엇인지를 찾아서 그곳에서 헌신하고자 하는 자세가 없으면 또 하나의 형식이나 부담이 되고 말겠지.

그러니까 지수야! 선생님이 하고 싶은 말은 이런 거야. 우리가 처한 상황이 입시 경쟁 체제 속에서 끊임없이 자기를 채찍질해야 하고 다른 친구들과의 경쟁을 요구받지만 그런 가운데서도 하나님이 내게 주시는 비전을 찾기 위한 노력을 해야 한다는 거지. 동아리 활동이나 봉사활동 등도 형식적으로 하지 말고 하나님이 그러한 활동과 섬김을 통해 내게 말씀하실지도 모른다는 생각을 가지고 마음을 다할 필요가 있어. 그리고 공부할 때도 내가 왜 공부하는지, 하나님이 이 공부를 통해 내가 무엇을 하길 원하시는지 등과 관련해 생각하거나 기도할 때 왜곡된 세상을 바로 세우고 고통받는 이웃을 섬기는 일에 있어서 하나님의 도구가 되기를 소망하는, 이런 마음을 새롭게 하는 것만으로도 큰 도움이 될 거야.

그런데 삶이 너무 혼란스럽고 공부에 대한 동기부여와

집중이 되지 않을 경우 부모님과 상의하여 1년 정도 휴학을 하고 쉬면서 다양한 삶의 경험과 섬김의 현장을 체험해 보는 것도 한 방법으로 생각해 보렴. 중고등학생이 휴학을 한다? 우리나라 상황에서는 쉽지 않은 방법이긴 하지. 하지만 우리가 대학에 가기 위해 재수나 삼수도 하고, 대학생이 되면 휴학을 거의 필수적으로 하고 있는데, 사실 정말 휴학이 필요한 시기는 중고등학생 시절인지도 몰라. 다만 휴학을 하고 어디서 무엇을 할 것인가 하는 계획이 있어야겠고, 자기 관리에 대한 목표와 합의가 있어야겠지.

다음 편지는 선생님이 중학교 때 가르쳤던 한 제자가 고등학교 1학년 올라가서 내게 보내온 편진데, 이와 관련해서 많은 생각을 하게 해준다.

선생님, 저 영수예요. 중학교 때 종종 선생님 찾아가서 고민을 풀어놓던 아이 기억하시죠? 그때 선생님이 어설픈 제 고민을 열심히 들어주시고 좋은 말씀해 주셨지만 제 고민은 끝이 없었죠? 전 요즘 열심히 살고 있습니다. 그리고 많은 걸 생각하고 느꼈습니다. 고민은 늘 안고 지내지만. 기말고사를 위해 일주일 정도 열심히 벼락치기(?)를 했습니다. 결과가 좋은 과목도 있고 그렇지 않은 과목도 있지만, 짧으나마 열심히 했다는 것만으로 기쁘고 즐거웠습니다. 저 자신이 살아있다는 것을 느꼈으니까요. 그리고 시험을 치르는 방법을 이제야 알게 됐어요. 일종의 '요령 터득'이랄까요? 다른 애들에겐 말 못하겠지만 공부가 재미있어요. 공부한다는 것에 즐거움을 느꼈어요. 조상들이 진리 탐구의 기쁨을 누렸다고 한 그 말이 무슨 뜻인지 알게 됐어요. 파고들면 파고들수록 깊이 빠져드는 느낌이에요. 특히 수학이요. 수학 공부는 시간 가는 줄 모르겠어요. 문제 풀이에 몰두하면서 내 머리가 회전한다는 걸, 즉 나의 뇌세포가 활발하게 움직이고 있다는 걸 느끼며 나의 존재를 느낍니다. 아직 다섯 과목이나 남았지만 저는 수학만 하고 있어요. 점수는 그리 좋은 건 아니지만 전 점수 같은 건 상관없다고 생각해요. 그걸 함으로써 즐거움을 느낀다면 그것만으로도 만족해요. 방학이 되면 중학교 때처럼 시간을 낭비하지 않을 거예요. 책도 많이 읽고 생각도 더 많이 할 거예요.

········ 너무 슬픕니다. 세상엔 고통받는 사람들이 많아요. 저 자신이 그들을 도울 수 없는 나약한 존재임을 느낄 때마다 슬픕니다. 제 주위 사람이 고통을 당해도 바라볼 수밖에 없는 나약한 존재····· 전 너무나 이기적이었어요. 세상엔 저보다 힘든 사람들이 많은데 저 자신의 삶을 불평하기도 했고, 저 자신만의 작은 행복을 위한 미래를 설계하기도 했어요. 부끄럽습니다. 그리고 이 세상이 미워지기도 합니다.

아직은 많은 사람들이 음지 속에 갇혀 있어요. 양지를 떠나 음지 속으로 뛰어가 그들과 고통을 나눈다면 그것이 진정한 행복이고 기쁨일 것입니다. 저를 버림으로써 다른 사람들이 작으나마 행복을 느낀다면 기쁜 일일 것입니다.

예전엔 자기 자신을 위해 공부한다고 배웠습니다. 그러나 그것은 틀린 말 같습니다. 공부를 해야 하는 이유는 ―마음으로 느끼는 것을 확실히 표현할 수는 없지만― 다른 사람을 위해서라고 생각합니다.(이 문장이 잘못 전달될 수도 있을 것 같아요) 나를 필요로 하는 사람들(고통 받는 사람들 등)을 위해 지식을 써야 한다고 생각해요. 좀더 많은 사람이 작으나마 행복을 느낄 수 있도록 도와주는 일, 그것이 공부를 하는 값지고 가치 있는 이유라고 생각됩니다. 세상에 도움이 되기 위해……그것이 주님이 주시는 사랑에 대한 갚음의 한 방법이라고 생각됩니다. 실패할지 모르겠지만 끊임없이 채찍질할 것입니다.

지수야! 하나님은 누구보다도 우리 사정을 잘 아는 분이겠지? 청소년들이 건강하게 방황하고 자신의 비전을 찾아갈 수 있는 체제를 갖춘 핀란드나 덴마크 청소년들에게 하나님이 요구하는 것과 이런 여건이 전혀 되지 않은 한국 청소년들에게 하나님이 요구하는 것이 다를 거야.

그렇지만 지수야! 하나님은 우리에게 주어진 이 현실 가운데서도 입시에 눌려 떨고만 있거나, 염려 속에서 나 자신만 바라보기를 원치는 않으셔. 그리고 이렇게 하는 것이 공부나 입시에도 결코 도움이 되지 않아. 하나님은 한국의 청소년들이 입시 경쟁 때문에 힘든 것을 잘 알고 계시지만 이런 상황 가운데서도 열심히 공부하는 틈틈이 이웃을 보고 세상을 보기를 원하셔. 공부 내용 가운데서도 하나님과 이웃을 생각하기를 원하시지. 그리고 그렇게 눈을 돌려 이웃과 세상을 바라보고 나를 향한 하나님의 뜻을 찾고 구할 때 하나님은 우리 눈을 열어 나를 향한 하나님의 뜻을 보여주기를 원하셔. 바로 그 뜻을 조금씩 찾고 붙들고 나아갈 때 공부에 대한 진정한 의욕과 에너지도 주어지는 거야.

어때? 선생님의 이야기가 네게 완전한 답이 되지는 않겠지만, 어차피 진정한 답은 네가 하나님이 주시는 비전을 향해 올바른 발걸음을 내디딜 때 조금씩 더 분명하게 나타날 거야. 하나님의 비전은 우리의 순종을 통해 구체화되는 것이니까 말이야. 🖋

2부
—
인간관계

타인을 이해하고
자신을 표현하기

10. 부모님을
이해할 수 없어요

선생님, 요즘 저는 엄마와의 관계 때문에 심각하게 고민하고 있어요. 얼마 전 쓴 일기를 보내 드려요. 엄마를 어떻게 대해야 할지, 또 제 마음을 어떻게 다스려야 할지 조언을 부탁드려요.

나에겐 아직 이해할 수 없는 것들이 많이 있다. 그중에서도 가장 이해하기 힘든 건 엄마의 성격이다. 엄마는 독실한 기독교인이고 남이 보기에는 조금도 흠잡을 데 없는 모습을 하고 계신다. 하지만 그것은 어디까지나 남이 볼 때 이야기다. 곁에서 생활하는 나의 마음은 다르다. 엄마는 나에게 항상 옳은 것을 가르치고 또 나를 진정한 그리스도인으로 만들려고 한다.

하지만 나에게 비치는 엄마는 평범하게 자식을 사랑하는 모습이 아니라 본인의 성격에 따라 모든 것을 판단하고 제한하는 이기적인 모습이다. 엄마 앞에서는 내 주관과 자존심이 철저하게 무시된다. 무엇이든 엄마의 생각과 자존심대로만 밀어붙이며 설령 그것이 잘못되었다 해도 그 잘못을 바로잡거나 사과하지 않고 나에 대한 미안함도 전혀 없다. 내 잘못에 대한 이유 같은 건, 결과만을 중시하는 엄마에게는 변명이나 말대꾸로만 취급된다.

요즘엔 사춘기를 겪고 있는 내가 반항이라도 할까 봐 나를 더욱 억누르려고 하신다. 혼나는 이유들 중에는 억울한 것도 많지만 말해 봤자 엄마는 말대꾸나 변명으로만 받아들인다. 그리곤 나를 더욱 더 억누르려는 엄마. 나는 싸우기 싫어 아예 입을 다물고 만다.

부모님은 모순투성이

지수야! 편지 잘 받았다. 쉽게 공개하기 힘든 일기를 솔직하게 보여 주어 고맙구나. 모든 인생의 시기에는 그 나이에 반드시 해결해야 할 숙제가 있단다.

갓난아기 때는 엄마 젖이나 우유를 잘 먹는 것이 중요한 숙제지. 그리고 옆에서 어른들이 재롱을 피우면 그냥 해맑게 웃어 주는 것이 해야 할 일이지. 그것만으로도 주변에서 귀여움을 받고 말이야. 세네 살이 되면 잘 노는 것이 숙제일 거야. 여기에 더하여 좀더 어려운 숙제를 떠맡게 되는데, 형이나 언니(오빠나 누나) 혹은 동생과의 관계에서 자기 자리를 잡아가고 함께 살아가는 법을 터득하는 일이지. 지금 보기에는 이런 일이 쉬운 일이지만 그 나이의 아이에게는 전 인생이 걸린 어렵고 치열한 과제일 거야.

그러다가 유치원에 들어가면 친구 관계라는 새로운 과제가 주어지지. 수많은 아이들 속에서 자신만의 무기로 튀고 인정받아야 하는 과제를 떠안기도 하겠지. 이성 친구를 놓고 다른 친구들과 경쟁을 벌여야 하는 경우도 있을 거야. 그리고 초등학교에 진학하면 이제 '공부'와 '성적'이라는 어려운 숙제를 떠안게 되겠지.

그렇다면 흔히 '사춘기'라고 부르는 중고등학생 시기에 해결해야 할 숙제는 무엇이 있을까? 많은 생각이 떠오를 거야. 공부를 열심히 해서 좋은 고등학교와 대학에 가야 하고, 친구들 사이에서는 왕따를 당하지 않아야 하고 말이야. 또 별로 예쁘거나 멋지지 않은 외모를 있는 그대로 받아들여야 하고, 진로와 비전을 찾기 위한 고민과 방황도 해야겠지.

이런 숙제들 가운데 가장 중요하고 힘든 과제는 무엇일까? 사람마다 다르겠지만 나는 '부모님의 모순되고 이중적인 모습을 받아들이기'가 아닐까 생각해. 왜냐면 사춘기는 아이에서 어른이 되는 시기고, 아이에서 어른이 되려면 부모로부터 독립해야 하기 때문이야. '부모로부터 독립한다'는 의미는 경제적인 독립이나 부모의 지도를 받지 않는다는 것을 뜻하지 않아. 그것은 정신적으로 부모에게서 독립된 자아를 형성한다는 뜻이고, 있는 모습 그대로 부모님의 모습을 받아들인다는 것을 의미해.

모든 인간은 약하다

선생님도 어릴 때 그랬던 것 같은데, 모든 사람이 어릴 때는 자기 부모님이 세상에서 제일 멋있고 유능한 줄로 생각하지. 부모님은 모든 것을 다 할 수 있는 사람처럼 보이고, 나를 완벽하게 보호해 줄 수 있을 것으로 알지.

하지만 조금씩 나이가 들고 친구들의 부모님과 비교하게 되면서 부모를 객관적으로 보기 시작하지. 객관적인 눈으로 볼 때 우리 부모님이 다른 부모님에 비해 돈이 많은 것도 아니고 사회적 지위가 높은 것도 아님을 알게 되지. 또 부모님이 언행일치가 되지 않고 약속을 잘 지키지 않는 경우가 많다는 것도 알게 되고 말이야. 부모님에 대한 환상이 깨어지고 부모님의 약한 면이나 모순된 모습을 알아가는 과정은 누구에게나 결코 쉬운 일이 아닐 거야.

이런 과정이 사춘기 때 절정에 이르게 되지. 사춘기의 특성이 내면에 엄격한 잣대가 생기는 시기이기 때문일 거야. 그래서 아무리 사회적으로 또 신앙적으로 존경받는 부모라 하더라도 사춘기 자녀의 눈에는 약점과 모순이 수없이 잡히게 마련이지.

선생님은 사춘기 시절에 부모님의 모순된 모습이나 심각한 약점을 접하고 충격도 받고 때로 방황하는 아이들을 많이 보았어. 하지만 지수야! 하나님이 지금 네게 부모님의 약점을 보이신 것은, 이제는 부모님의 좋은 면뿐 아니라 약점도 감당할 만한 능력이 네게 생겼기 때문일 거야. 아니, 하나님은 먼저 네게 감당할 능력을 주신 후에 부모님의 인간적 약점과 허물이라는 숙제를 주신 거겠지? 늘 하나님은 우리에게 감당할 만한 시험만 허락하시는 분이니까. 그리고 네가 부모님을 이해하고 감당하는 그 과정을 통해 너를 성숙시키고 훈련하고자 하는 뜻이 있음을 기억하렴.

그러니까 지수야! 부모님의 약점과 모순된 모습을 대할 때 '모든 인간은 죄인이고 연약하다'는 성경의 진리를 우선 기억하렴. 부모님이든 선생님이든, 세상에서 아무리 훌륭한 분이라도 이 말씀 앞에서 예외는 없는 법이야. 그러니까 이제는 부모님도 이 '모든 인간'이라는 범주 안에 두고 생각하는 훈련을 해야겠지?

또한 이 말씀에 비추어 '모든 인간'의 범주에는 누구나 속하니 '나도 죄인이고 연약하다'는 것을 기억하렴. 그래서 자신은 문제가 없는데 부모님만 문제가 있는 것으로 생각하지 않도록 유의해야 해. 나아가 약점과 모순을 지닌 인생이 살아갈 수 있는 이유는, 주변 사람들이 그 약점을 받아 주고 용서해 주기 때문이라는 것도 다시금 생각해야겠지?

이것은 부모님뿐 아니라 모든 인간관계에 적용되는 원리야. 실제로 친하게 지내는 친구들을 생각해 보렴. 그 친구가 약점이 없고 완벽하기 때문에 친구로 지내는 것은 아니지. 비록 친구가 약점이 많고 모순도 많지만 상대가 그 약점을 수용하고 용서해 주기 때문에 친구로 지내는 것이 아닐까?

있는 모습 그대로 인정하기

부모님의 약점과 모순된 모습을 발견하고 그 때문에 견디기 힘들 때는 어린 시절부터 지금까지의 일상을 돌아보렴. 부모님이 너를 키워 오면서 수없이 많은 네 약점과 연약한 면들을 감당하고 용서하면서 키워 오셨다는 것을 말이야. 이러한 용서는 지금은 물론 앞으로도 계속될 것임을 기억해야 해.

물론 너도 지금까지 부모님의 약점과 잘못을 '조금은' 수용하고 용서하며 살아왔을 거야. 이전에는 부모님이 네 약점과 연약함을 대부분 감당했다면, 사춘기에 요구되는 숙제는 부모님의 약점과 연약함을 '점점 더 많이' 감당하고 용서할 것을 요구받는다는 거지. 즉, 부모님과 너와의 관계가 대등한 관계가 되기 시작한다는 것이지. 네가 부모님의 약점과 연약함을 대부분 감당하는 관계로 들어가는 첫 걸음이 시작되었다는 거야.

많은 아이들이 이렇게 이야기하더구나.

"다른 사람은 다 이해하고 용서하겠는데, 부모님에 대

해서는 그렇게 못 하겠어요."

이 말이 부모님에 대한 기대의 표현이고, 부모님께 느낀 실망에 대한 아픔의 표현이라는 것을 알고 있단다. 하지만 여기에만 머물러 있어서는 결코 어른이 될 수 없어. 어른이 된다는 것은 부모로부터 독립해 부모와 대등한 관계에서 인간 대 인간으로 만난다는 것을 뜻하지. 대등한 관계의 첫 출발은 부모의 연약함과 약점을 있는 그대로 수용하고 이해하고 용서하며, 약점을 지닌 존재로서의 부모님을 사랑하는 데서 시작하기 때문이야.

이 과정은 결코 쉽지 않아. 하지만 누구나 거쳐야 할 과정이고, 주님은 이 과정을 우리가 홀로 감당하게 하지 않으셨어. 하나님은 이 과정을 우리와 함께 겪으시는 분이라는 걸 기억하렴.

주님께 기도함으로 부모님의 연약함을 잘 극복해 내면 좋겠구나. 그래서 이러한 고민을 겪을 후배들에게 이젠 네가 모범이 되고 조언자가 되어 주면 좋겠구나. 🍃

하이힐
맨날 미팅할꺼
우히히
멋진 짱동건같은 남친
기대하라구
머리도 기를
테다
단발머리
빠이
나도 화장하면
아이유만큼 예쁠
껄?
기대 기대

11. 사춘기를 어떻게
보내야 할까요?

선생님, 사실 엄마의 모순된 모습에 대한 불만을 적은 일기는 누구에게도 보여 주지 않은 거예요. 일기장에만 적어 놓았다가 선생님께 보낸 것이었어요. 그런데 이 고민이 저뿐 아니라 또래의 많은 아이들이 하는 고민이라니 위로가 되네요.

그런데 선생님도 사춘기 시절 부모님과의 관계에서 저와 비슷한 고민을 하셨나요? 그렇다면 그 문제를 어떻게 극복하셨는지 궁금하네요. 그리고 하나님이 우리 삶의 주인이시고 모든 것을 아시는 분이라면, 부모님과의 관계에서 겪고 있는 제 어려움도 잘 알고 계시겠죠? 이러한 어려움을 허락한 분도 주님이실 테니까요. 그렇다면 주님은 이러한 고민의 과정을 통해 제가 무엇을 하길 원하실까요? 🖋

세대에 따른 사춘기의 경험 변화

　지수야! 부모님의 약점과 허물을 어떻게 받아들일지에 관한 편지를 읽고 너뿐 아니라 많은 친구들이 겪는 문제라는 사실에 위로가 된다고 했지? 그래, 맞아. 이 문제는 사춘기를 겪고 있는 네 또래 아이들은 물론이고 선생님이 사춘기를 보낸 30년 전에도 똑같이 겪던 것이야. 지난번 편지에서도 썼지만 사춘기의 가장 핵심적인 과제가 부모님을 극복하는 것이란다. 부모님을 건강하게 잘 극복해야만 부모로부터 독립된 개인이 될 수 있지.

　선생님이 사춘기를 보내던 시절의 청소년들은 사춘기를 어떻게 보냈는지 궁금하지? 물론 지금이나 그때나 사람에 따라 다양한 모습들로 사춘기를 겪기 때문에 한 가지로 말할 수는 없어. 하지만 몇 가지 유형으로 나누어 볼 수는 있단다.

　우선 가족을 위해 희생하시는 부모님을 불쌍히 여기고 부모님에게 자신을 일치시키면서 부모님을 그대로 받아들이는 경우야. 특히 30년 전 부모 세대는 대부분 가난했기 때문에 이런 예가 많았어. 물론 어릴 때는 부모님이 고생하시는 모습을 보면서도 불평하고 칭얼대지. 그러나 사춘기에 들어 철이 들면서 고생하시는 부모님을 가엾게 여기고 자신이 열심히 일해서 부모님을 봉양하고 집안을 일으키겠다고 결심하지. 이런 상황에서는 부모님의 약점과 허물이 보여도 크게 문제되지 않아. 오히려 이 과정에서 빨리 어른이 되어 버리는 거지.

또 다른 경우는 부모님의 모습을 도무지 받아들일 수 없어서 부모님을 부정하고 부모님과 단절하는 거야. 예를 들어 아버지가 알코올중독에 가까울 정도로 술을 먹고 도박에 빠져 있으면서 가정폭력을 휘두르는 경우를 생각해 보자. 어릴 때는 자녀들이 힘이 없어 아버지에게 매를 맞거나 공포에 싸여 지내겠지. 그러다 사춘기에 들어 힘도 세지고 판단력도 생기면서 아버지에게 대들거나 집을 나가거나 하면서 아버지를 부정하는 거지. 절대로 자신은 아버지처럼 살지 않겠다고 다짐하면서 스스로 생계를 유지하고 삶을 개척해 나가는 거지.

두 유형으로 구분한 것이 극단적인 면이 있기는 해. 이들 유형에 들지 않는 사례도 많긴 하지. 하지만 부모 세대 가운데 많은 사람들이 두 유형과 같은 사춘기를 보냈고 건강한 어른으로 성장했단다. 그러니까 어떤 면에서 부모 세대는 힘든 시기를 살아왔지만, 역설적으로 사춘기 시절 부모를 극복하는 데는 비교적 수월한 시기를 살아왔던 것 같아.

그런데 한 세대가 지나면서 사춘기의 경험에 많은 변화가 오기 시작했어. 요즘 사춘기 자녀의 입장에서 볼 때, 부모님이 고생을 많이 하긴 하지만 부모님의 모습을 덥석 받아들여야 할 만큼 힘들게 보이지는 않는 거야. 또 부모님에게 약점과 허물이 있긴 하지만 부모님의 존재를 부정하고 뛰쳐나가야 할 만큼 허물이 큰 것도 아닌 거지. 그러니까 지금 세대 대부분의 청소년들은 부모님을 불쌍히 여겨 받아들이지도, 부모님을 부정하고 뛰쳐나가지도 못하는 어정쩡한 상황에 처해 있는 거지.

이러한 상황은 분명 물질적인 부분을 포함해 여러 면에서 이전 부모 세대가 처한 상황보다 훨씬 낫지. 하지만 사춘기를 겪고 있는 자녀가 부모로부터 독립해 건강한 어른이 되어 가는 환경으로는 좋다고만 볼 수 없어. 그야말로 애매한 상황이지.

독립과 성장을 가로막는 요소들

어른들 중에는 요즘 청소년들은 도무지 이해할 수 없다는 반응을 보이는 분들도 많아. 즉, 이전 부모 세대는 어렵고 힘든 가운데서도 빨리 철이 들어 부모를 봉양하거나 가정을 뛰쳐나가 독립했는데 요즘 아이들은 너무 나약하다는 거야. 그래서 어른들은 종종 이렇게 비판하시지. "너희 보고 일을 하라고 그러냐? 돈을 벌어 오라고 그러냐? 부모님이 공부를 안 시켜 줬어? 해달라는 것을 안 해줬어? 모든 걸 다 해줬는데, 뭐가 그렇게 불만이냐? 뭐가 힘들다고 이렇게 야단이냐?"

이런 비판은 어떤 면에서는 맞지만 그렇지 않은 면도 있는 것 같아. 인생이란 참 오묘하고, 특히 사춘기 시절은 미묘해서 사람에게는 물질적인 조건도 중요하지만, 명분과 정당성도 중요한 것 같아. 요컨대 물질적 풍요나 외적 환경의 개선이 어떤 면에서는 사춘기 청소년들이 부모를 극복하는 데 필요한 명분과 정당성을 빼앗아 가는 건 아닐까 생각해.

물론 지금도 가난하고 힘들게 살아가는 가정이 많아. 하지만 이전 부모 세대의 가난이 절대적 가난이었던 반면, 지금 세대의 가난은 상대적인 가난이라는 특성이 강하지. 상대적 가난은 절대적 가난에 비해 사춘기 청소년들이 부모를 받아들이거나 극복하는 데 더 좋지 않게 작용하는 것 같아. 친구들의 부모님과 비교하며 왜 우리 부모님은 이것밖에 못 해주시는지, 왜 남들보다 더 좋은 것, 더 비싼 것을 못 사주시는지 불평하게 되고 말이야.

또 하나, 요즘 청소년들이 부모로부터 건강한 독립을 하지 못하게 막는 요소는, 성적에 대한 부모의 기대가 아닌가 생각해. 선생님이 학교에서 보면 시험 성적이 나왔을 때 아이들이 제일 처음 보이는 반응이 대부분 이런 것들이지.

"나 이제 엄마한테 죽었다."

"아! 이 성적표를 엄마한테 어떻게 보여 줘!"

"아빠한테 미안해서 어떻게 하지?"

만약 성적이 기대만큼 나오지 않았으면 자신이 가장 힘들 텐데, 아이들은 자신이 힘든 것보다 먼저 부모님에 대한 미안함을 떠올리더구나. 그만큼 공부와 성적, 이에 대한 부모님의 지원과 기대의 문제가 우리나라 청소년들을 부모와 떨어질 수 없도록 꽁꽁 묶고 있지. 이러한 강한 연대감이 우리 청소년들의 건강한 독립과 성장을 막고 있다는 것이 선생님의 생각이야.

주 안에서 순종하라

그렇다면 어떻게 해야 할까? 물론 사춘기 청소년들의 건강한 독립을 방해하는 구체적인 요소들에 대해서는 더 이야기할 필요가 있어. 이 부분에 대해서는 다음 편지에서 다루기로 하자. 오늘은 원칙적인 차원에서 하나님의 말씀과 그분의 빛 앞에서 자기 인생을 비추는 훈련을 해야 한다는 이야기를 하고 싶어.

우리 인생에는 영적인 차원과 현실의 차원이 같이 존재해. 이 둘은 밀접한 관련이 있고 서로 연결되어 있지만 뚜렷하게 구별돼. 즉, 현실은 복잡하고 실행에 옮길 때 걸리는 것들이 많아. 그래서 하나님께 나아가 그분의 영광의 빛에 현실을 비추어 보거나 말씀의 빛 앞에 현실을 내려놓아야 해. 그러면 현실을 둘러싸고 있는 온갖 비본질적인 부분은 사라지고 하나님이 중요하게 여기시는 본질을 경험할 수 있지.

예를 들어 우리를 둘러싸고 있는 여러 복잡한 관계와 존재의 약함과 허물, 헤쳐 나가야 할 엄청난 과제를 하나님의 빛 앞에 비추어 보면 어떨까? 있는 모습 그대로 우리 자신을 받으시고 사랑하시는 하나님이 보이겠지. 우리 인생을 인도하고 책임지시는 그 하나님 말이야. 그리고 이 땅의 모든 것은 유한하고 사라지지만 하나님과의 관계는 영원하다는 사실이 남는 거야.

물론 영적 현실을 경험하더라도 현실은 그대로 남아 있어. 그 복잡한 현실의 문제를 풀지 못해 전전긍긍하는 우리 자신도 그대로 있지. 하지만 영적 현실 가운데 거하는 경험이 많아지면, 절대적인 영적 현실에 비추어 현재의 삶을 상대화할 수 있는 힘이 생겨. 그리고 그 힘으로 현실의 문제를 풀어 갈 수 있는 거야.

부모로부터 건강하게 독립해야 한다는 이야기를 하다가 영적 현실 이야기를 하는 까닭은, 건강한 독립을 해서 부모님과 성숙한 관계를 맺어가는 것이 현실에서는 너무 어렵기 때문이야. 실제로 교회를 열심히 다니고 신앙이 좋은 친구들 가운데도 부모님과의 건강한 독립이라는 관문 앞에서 주저앉는 경우가 많아. 이 문제가 인간관계의 문제라기보다는 영적인 문제이기 때문이야. 즉, 하나님의 빛 앞에 나아와 부모님을 하나님의 관점에서 볼 수 있는 능력을 키워야만 가능한 거야.

사춘기에 접어들면 부모로부터 독립하려는 열망이 생기지. 하지만 이 열망도 죄와 타락의 영향 아래 있기 때문에 왜곡된 모습으로 나타나기도 해. 부모님께 억지를 부리거나 속을 썩이는 식으로 나타나기 쉽지. 소위 배은망덕의 모습을 드러내지. 자녀의 배은망덕과 부모의 연약함이 맞물리고, 물질적 풍요와 공부를 연관시켜 생각하는 부모와 자녀가 기대감이라는 끈으로 묶이면 아주 복잡한 관계가 형성되지.

이런 복잡한 현실로 우리가 하나님 앞에 나아갈 때 주님은 이렇게 한마디 해주시지.

"자녀들아, 너희 부모를 주 안에서 순종하라. 이것이 옳으니라."

하나님 말씀 앞에 이런 생각을 할 수도 있을 거야.

'아니, 사춘기는 부모로부터 독립에 대한 열망이 일어나는 시기인데, 무조건 순종만 하라는 것이 말이 돼?'

또 이런 생각도 들겠지.

'그렇지 않아도 사춘기가 되면서 부모님의 약점과 모순이 크게 다가와 너무 힘든데, 닥치고 순종하라니!'

하지만 하나님의 말씀을 자세히 보면 '닥치고 순종'이 아니라 '주 안에서 순종'하라는 이야기지. 이는 '주 안'과 '주 밖'을 구분하라는 말이 아니고, '주님이 주시는 힘으로'라는 뜻이야. 즉, 주님이 우리에게 순종할 수 있는 힘을 주시겠다는 약속이 담겨 있지. 사춘기 자녀가 부모의 약점과 연약함을 뻔히 알면서도 '주님이 주시는 힘으로' 기쁘게 순종할 때 자녀를 향하는 부모의 마음과 태도가 변하게 되는 거야. 주님이 역사하시는 것이지. 그리고 이러한 과정을 통해 부모와 자녀가 서로 존중하게 되면서 건강한 독립, 성숙한 관계로 나아갈 수 있단다.

혹 선생님의 설명이 비현실적이라고 생각되더라도 일단 순종해 보렴. 부모님의 허물과 모순 때문에 힘이 드니? 부모로부터 독립된 건강한 자아를 찾기 위해 몸부림치고 있니? 영적 현실에 몸 담으면서 현실을 사는 사람은 현실에

만 사는 사람과는 차원이 다르단다. 영적 현실에 대한 경험
이 많은 사람은, 이 세상의 질서와는 전혀 다른 질서와 방
법을 통해 훨씬 건강하고 성숙된 관계를 맺어 가지.

어렵게 느껴진다고? 물론 어려울 수도 있어. 한순간에
완성되지도 않지. 하지만 어떤 면에서는 가장 쉬운 길이기
도 해. 하나님의 창조의 법을 따르는 길이고, 예수님의 약속
을 의지하는 길이고, 성령이 주시는 힘으로 살아가는 삶이
니까 말이야.

12. 부모님의 기대에
숨이 막혀요!

선생님, 지난번 편지에서 부모님과의 관계에서 오는 갈등을 해결하는 원리로 '순종'이라는 말씀을 하셨을 때 조금 놀랐어요. 물론 성경에 나오는 말씀이지만, 많은 도덕적 교훈 중 하나라고 생각했지 부모님과의 관계 문제를 해결하는 핵심적인 영적 원리라고는 한 번도 생각해본 적이 없거든요.

이 영적 원리는 세상이 말하는 것과는 큰 차이가 있는 것 같아요. 방송이든 책이든 이 세상에서는 '네 마음대로 해라'고 하거든요.

그렇지만 선생님 편지를 읽고 또 읽으니 그 말씀이 맞는 말씀 같아요. '네 마음대로 해라'는 말은 듣기에는 좋은데 하나님의 원리는 아닌 것 같아요. 그래서 며칠 되지는 않았지만 선생님 편지를 받은 후 부모님과 대화할 때 내 속에서 올라오는 불만들을 누르고 순종하려는 노력을 많이 했어요. 그런데 여전히 잘 되지가 않아 많이 좌절했습니다. 그래도 하나님께 기도하면서 꾸준히 노력해야겠죠?

또 하나, 선생님이 지난번 편지에서 공부에 대한 부모님의 기대와 여기에 미치지 못하는 자녀와의 관계가 아이들이 부모로부터 건강하게 독립하는 것을 방해한다고 말씀하신 부분이 있죠? 그 부분을 좀더 자세히 설명해 주시면 좋겠어요. 대부분의 아이들이 그렇겠지만 저도 부모님의 기대에 미치지 못하는 모습 때문에 부모님께 많이 미안해 하거든요. 부모님의 기대에 미치지 못하는 부담감이 실제로 공부를 열심히 하게 하는 쪽으로 나아가지도 못하게 해요. 부모님과 저와의 관계에 벽만 만들고 있다는 생각을 많이 해요. 이 부분을 어떻게 풀어야 할까요.

행동으로 보여 주고 대화로 풀어 가렴

지수야! 한 주 동안 "너희 부모를 주 안에서 순종하라"는 말씀 묵상했지? 이 말씀을 예전엔 부모님 말을 잘 들으라는 도덕적인 교훈으로만 생각했다지. 이 하나님의 말씀이 부모로부터 독립해 건강한 '나'가 되는 데 핵심 원리라는 말에 놀랐다고 했지. 선생님의 편지를 읽을 때는 그런 것 같기도 한데, 실제 부모님과 충돌 상황에서 이 말씀을 적용하는 게 쉽지 않아 힘들다고도 했지?

지금 네가 보이는 반응은 지극히 자연스러운 거란다. '진리'란 그 자체로 존재하기보다는 그것에 순종하고 그것을 살아내려고 몸부림치는 가운데 삶 속에서 실현되는 거야. 그렇지만 그 말씀에 대한 순종은 생각만큼 어려운 건 아니야. 주님은 우리 각자의 짐을 쉽고 가볍게 해주는 분이시란다. 한 번의 순종으로 모든 것이 실현되지는 않지만 순종을 거듭하며 그 맛을 알아갈 때 예수님의 말씀이 실감날 거야.

공부에 대한 부모님의 기대 문제가 부모와 자녀 사이를 묶고 있어서 사춘기 청소년들이 건강하게 독립하기 어렵다는 부분에 대해 좀더 설명해 달라고 했지?

선생님은 너를 응원해!

자녀에 대한 부모의 기대 자체는 나쁜 것이 아니란다. 어떤 부모든 자녀에 대한 기대가 있지. 그런데 우리 사회에서는 그 기대가 과도하고 '공부' 혹은 '성적'에만 쏠려 있다는 게 문제지.

이 부분과 관련해 학생 입장에서 해야 할 노력이 있고, 부모 입장에서 해야 할 노력이 있어. 여기서는 학생 입장에서 노력해야 할 점만 이야기할게. 모든 갈등의 문제 해결은 각자 자신이 해야 할 일에 집중하는 것이 순서거든. 그러지 않고 상대방이 노력해야 하는데 왜 그러지 않느냐 하는 데 초점을 맞추다 보면 문제를 풀 수 없어. 일단 상대방이 어떻게 하든 그 점은 하나님께 맡기고, 자신이 할 부분에 집중하는 것이 지혜로운 방법이야. 하나님을 신뢰하는 자세이기도 하지.

우선 생각할 수 있는 것은, 네가 현재 하고 있는 노력의 수준보다도 좀더 집중하고 노력해야 한다는 점이야. 물론 네 입장에서는 공부에 집중할 수 없는 여러 이유가 있을 거야. 공부에 몰입하게 하는 명확한 동기를 발견하지 못해서 공허하기도 하고, 공부가 눈에 들어오지도 손에 잡히지도 않을 거야. 하지만 부모님이 네가 더 공부하기를 원한다는 그 한 가지 이유만으로도 좀더 노력하는 자세가 필요하단다.

나름 최선을 다하고 있는데도 부모님이 원하시는 결과

가 나오지 않기 때문에 부모님이 흡족해 하지 않을 수도 있을 거야. 틈나는 대로 부모님과 대화하며 너 스스로 최선을 다하고 있음을 설명할 필요가 있어. 혹 설명하려고 해도 공부하지 않는다고 몰아치는 부모님 때문에 화나 짜증을 내게 되고 마음 문을 점점 닫게 될 수도 있을 거야. 이 상황에서도 주님을 계속 의지하고 기도하는 마음으로 화를 참고 상황과 고민을 진솔하게 설명하려고 노력하렴. 그럴 때 하나님이 그 상황 가운데 역사하시고 부모님의 마음과 태도를 움직여 주실 거야.

부모님은 사회생활 선배

한 가지 더 이야기하고 싶은 게 있단다. 몇 년 전에 중학교 3학년 담임을 했는데, 우리 반에서 성적이 제일 낮은 학생이 있었어. 이 학생은 초등학교 때는 반장도 하고 공부를 곧잘 해서 부모님의 기대가 컸지. 어떤 이유에선지 모르겠지만 중학교에 올라오면서 성적이 떨어지기 시작해 중학교 3학년 때는 제일 낮은 성적이었어. 이 학생은 자신의 낮은 성적 때문이 아니라 부모님의 실망감 때문에 힘들어했지.

한번은 이 학생과 면담을 하면서 정말 하고 싶은 게 뭔지 물었어. 그랬더니 자신은 솔직히 공부는 하기 싫고 관심도 없다는 거야. 그러고는 안경점이나 제과점을 운영하는 것이 꿈이라고 하더구나. 선생님은 이 학생이 성적은 낮지만 건강한 꿈을 갖고 있다는 것이 무척 반가웠어. 그래서 그런 꿈에 대해 부모님과 이야기를 나눠 보라고 했지. 그러니까 그 학생이 하는 이야기가, 부모님께 말했다가 공부하기 싫으니까 쓸데없는 소리 한다고 욕만 먹었다는 거야.

지수야! 이런 상황이 이해가 되니? 이 학생 이야기만 들어 보면 부모님이 꽉 막힌 사람처럼 느껴지지? 그런데 선생님이 부모님을 만나 이야기를 나눠 보니 전혀 그렇지 않더구나. 부모님 자신들도 자녀가 안경점이나 제과점을 운영하는 것을 좋은 꿈이라고 생각한대. 사회생활을 해본 사람의 입장에서 부모님은 안경점이나 제과점을 운영하기 위해서는 높은 성적이 필요한 것은 아니지만, 성실함과 친절함 및 정교함 등이 요구된다는 거지. 그런데 그 자녀가 성적만 나쁜 게 아니라 생활이 엉망이라는 거야. 자기 방 청소 한 번 제대로 하는 적이 없고, 부모님이 안 계시면 밥도 제대로 차려 먹을 줄 모른다는 거야. 동생에게 양보하는 법이 없고 틈만 나면 싸우고, 문제가 터져도 스스로 나서서 해결할 줄도 모른다는 거야.

지수야! 이 학생의 부모님이 무슨 말을 하는지 이해가

되지? 부모님은 사회 현실을 생각할 때 자녀가 공부를 잘하면 진출할 수 있는 영역이 많으니까 공부 잘하기를 원하지만, 공부만 붙들고 있을 것은 아니라는 거야. 사회생활을 해본 부모님은 학교 다닐 때 성적이 나빠도 진출할 수 있는 영역이 많다는 걸 알고 계시지. 하지만 그 영역들에서는 최소한의 성실함과 친절함, 다른 사람과 함께할 수 있는 능력, 새로운 문제가 터지면 해결할 줄 아는 능력을 요구한다는 거야. 그래서 자녀가 성적이 나쁘더라도 기본적인 생활에서 좋은 모습과 성품으로 성장하면 좋겠는데, 전혀 그렇지 않아서 화가 난다는 거야.

선생님이 그 부모님께 기본적인 생활 태도와 성품의 중요성에 대해 왜 자녀에게 충분히 이야기하지 않았냐고 물었어. 그러자 부모님은 자녀가 학교를 마치면 학원에 가다 보니 실제로 얼굴을 맞대고 이야기할 시간이 많지 않다는 거야. 가끔 이야기할 시간이 나면 부모님은 자신도 모르게 공부나 성적 이야기가 튀어나온다는 거지. 그러다 보니 자녀와 감정이 상하게 되고, 정작 해야 할 중요한 이야기는 하지 못하게 되었다더구나.

그래서 선생님이 이 학생에게 공부에 대해서는 더 이상 이야기하지 않고 '일일 생활 체크표'를 주었어. 그 표에는 집에서 실천할 수 있는 사소한 생활 항목들을 담았지. 예를 들어 '아침에 엄마가 깨우지 않더라도 알람 듣고 일어나기', '매일 학교 갔다 오면 방 청소하기', '게임이나 컴퓨터는 하루 한 시간 이내로 하기' 등이지. 매일 실천하기란 공부를 열심히 하란 것보다 더 어려울 수도 있을 거야. 그런데도 그 학생은 부모님과의 관계를 개선하고 싶은 마음 때문에 한 달 동안 이를 실천하고 체크해서 나에게 확인받았어.

한 달 후 무슨 일이 일어났는지 궁금하지? 그 학생의 표현에 따르면 자신을 대하는 부모님의 태도가 달라졌다는 거야. 이전에는 자신이 무엇을 하든 불신하는 태도를 깔고 반응을 보였다는 거야. 밥을 먹고 있으면 "공부도 못하는 게 밥은 많이 먹는다"고 힐책하기도 했대. 그런데 지금은 부모님이 자기를 무시하지도 않고 존중해 주신다는 거야. 놀라운 변화지 않니?

이후 그 학생이 어떻게 됐냐고? 성적이 거의 오르지 않아서 고등학교 진학이 힘들었지. 그러나 부모님과의 관계는 매우 좋아졌어. 나중에 그 학생이 고등학교를 졸업하고 군대에 입대하기 전 내게 인사하러 왔는데, 슈퍼마켓에서 배달 아르바이트 하고 있다더구나. 군대 제대하고 나면 부모님이 제과 기술 배우는 것과 제과점 차리는 것을 도와주기로 했다며 희망에 차 있었어.

바쁜 일상은 그만! 서로의 마음 읽기

지수야! 이 이야기를 들으면서 이미 힌트를 얻었겠지? 성향의 차이는 있겠지만 대다수 부모들이 자녀에게 높은 성적을 기대하는 것은 맞아. 하지만 오직 높은 성적만을 기대하는 것은 아니야. 부모님들이 진정으로 자녀에게 원하는 것은 자녀들이 나중에 독립해서 자기 앞가림을 잘 해 나가는 거야. 부모님들이 사회생활을 해보니 아무래도 성적이 높은 학생들이 사회 진출에 유리한 측면이 많다는 걸 알기 때문에 성적을 강조할 뿐이지. 하지만 이에 못지않게 사회에서는 궂은일도 마다하지 않고 열심히 하는 성실성, 남과 화합하며 일을 처리해 나갈 수 있는 협동심, 사람을 마음으로 대할 수 있는 친절 같은 좋은 성품 등이 필요하다는 것도 부모님들은 알고 있어. 부모님들은 자녀가 이런 것들을 갖추어 가기를 원해.

그런데 문제는 우리 사회가 너무도 바쁘게 돌아가다 보니 부모도, 자녀들도 바쁘다는 거야. 그러다 보니 충분히 이러한 상황을 설명하거나 교육할 기회를 갖지 못해. 이렇게 시간을 흘려 보내다 보니 부모가 자녀에게 진정으로 바라는 것과 자녀가 부모로부터 느끼는 부담감 사이에는 상당한 차이가 생기는 것 같아.

지수야! 이런 현실을 이해한다면, 혹 부모님이 충분히 자신의 뜻을 표현하지 못한다 할지라도, 먼저 부모님의 생각을 헤아리면 어떨까? 겉으로 드러나는 부모님의 기대만이 아니라, 부모님이 진정으로 바라는 그 기대에 맞추려고도 노력해 보고 말이야. 그러면 부모님과 좀더 성숙한 관계가 맺어지지 않을까?

13. 선생님과는
소통불능, 이해불가?!

선생님, 조심스럽지만 오늘은 선생님들과의 문제를 이야기하려고 해요. 선생님도 학교에 계시니까 선생님들의 문제를 잘 아실 거예요. 학교에 선생님같이 좋은 선생님만 있으면 얼마나 좋겠어요. 하지만 솔직히 이상한 선생님들도 많잖아요.

저는 이상한 선생님들에 대해 아이들과 함께 뒤에서 욕을 할 때 마음이 불편하고 힘들어요. 그래도 그리스도인인데 뒤에서 욕해서는 안 되지 않나 하며 찔려한다는 거예요.

제가 도무지 존경할 수 없는 선생님, 선생님으로서 올바르게 행동하지 않는 선생님들을 어떻게 대해야 하죠? 🖋

뭐든 원리만 알면 간단해

지수야! 지난 세 번의 편지는 부모님과의 관계 문제에 대해서였는데, 오늘은 학교 선생님과의 관계 문제구나. 너희 때는 집에서 보내는 시간보다 학교에서 보내는 시간이 더 많지. 그 때문에 선생님과의 관계 속에서 많은 것을 배우기도 하지만 많은 갈등도 생겨나지. 학생 시절 선생님과 관계를 맺는 훈련은 이후 네가 사회에 나가서 직장 상사나 다른 권위자들과 어떻게 관계를 맺어 갈 지에 많은 영향을 미치는 중요한 문제란다.

먼저 선생님이 경험했던 사례 중 극단적인 예로 이야기를 시작해 볼게. 지금은 학교에서 체벌이 거의 사라졌지만, 몇 년 전까지만 해도 체벌이 많이 행해졌어. 그때 우리 반 아이들 중에서 튀기 좋아하고 잘난 체하는 친구가 한 명 있었어. 이 친구는 외국에서 산 경험이 있어서 영어 발음이 좋았는데, 영어 선생님의 발음이 좋지 못한 것을 은근히 무시하고 있었어. 그걸 영어 선생님도 느끼고 있었지. 그러니까 서로 불편한 감정이 있었던 거야.

어느 날 영어 수업 시간에 선생님이 아이들에게 지난

시간 과제로 제출했던 본문 해석을 시켰는데 아이들이 다 못했어. 이 친구도 마찬가지였지. 그래서 선생님이 아이들을 불러내서 회초리로 손바닥을 한 대씩 때렸는데, 맨 마지막에 있던 이 친구를 향해서는 이렇게 말하면서 두 대를 때린 거야.

"너는 평소에 잘난 체하더니만 이것도 못해?"

평소 선생님의 감정이 표현된 것이었지. 이 친구도 다른 친구들과 똑같이 한 대를 맞았다면 아무 문제가 없었겠지만 자신만 두 대를 맞자 분노가 일어난 거야. 그래서 "에이 씨"라고 화를 내면서 들어갔어. 이 말을 선생님은 그냥 넘길 수 없었겠지? 그래서 이 친구를 불러내서 태도가 나쁘다며 더 때렸고, 이 친구는 쉽게 순복할 수 없어 갈등이 고조되었어. 결국 그 문제가 해결되지 않아 담임인 나에게까지 넘어왔어.

선생님이 어떻게 해결했는지 궁금하지? 여기에 대한 답은 뒤로 미루고, 우선 선생님과의 관계 문제를 다루면서 왜 이렇게 부정적이면서 극단적인 예를 들었는지 말할게. 이런 상황이 똑같지는 않지만 학교에서 충분히 일어날 수 있고 흔히들 경험하는 일이기 때문이야.

사실 훌륭하고 존경스러운 선생님들도 학교에 많이 계셔. 이런 분들과의 관계는 특별히 문제될 게 없어. 그냥 감사하고 따르고 배우면 되니까 말이야. 그런데 선생님과의 관계에서 문제가 되는 것은, 도무지 이해하거나 용납할 수 없는 선생님을 만났을 때 어떤 관계를 맺어야 할까 하는 점이지. 또 처음에는 훌륭한 분인 줄 알고 따랐는데 시간이 지나며 알아가다 보니 실망스러운 면을 발견할 때도 있지. 참 힘들고 곤혹스러운 경우라고 할 수 있거든.

어렵고 힘든 문제일수록 우리는 감정이나 세상의 일반 논리를 앞세우기보다 성경이 뭐라고 말하는지에 관심을 가져야 해. 물론 성경은 2,000년 훨씬 이전에 쓰인 글이야. 당시에는 오늘날과 같은 학교 제도가 없었어. 그러니 오늘 우리가 힘들어하는 교사와 학생 관계도 없었지. 하지만 성경을 자세히 살펴보면 우리가 고민하는 문제를 해결할 만한 근본 원리를 추출해 낼 수 있어.

권위를 시원하게 인정해 봐!

먼저 선생님과의 관계에서 생각해야 할 것은 '권위'의 원리야. 즉, 하나님은 교사와 학생과의 관계를 '권위'라는 끈으로 묶어 주셨어. 물론 이 권위는 교사와 학생 사이에만 존재하는 것은 아니야. 부모와 자녀 사이나 목회자와 성도 사이에도 권위가 중요해. 만약 부모나 목사, 교사에게 권위가 없다고 생각해 봐. 그러면 어떤 교육이나 목회도 할 수 없지 않겠니?

가만히 생각해 보면 교사의 권위는 하나님이 부여하신 것은 아니야. 하나님은 자녀에 대한 권위를 부모에게 주셨어. 그런데 이 세상의 지식이 발달하면서 부모가 가정에서 이 모든 지식을 가르칠 수 없는 상황이 오자 학교를 만들었지. 부모가 가진 교육권의 일부를 학교와 교사에게 위임하게 된 거야. 그러니까 학교 선생님의 권위는 부모에게서 위임된 권위이고, 결국 하나님이 교육을 위해 주신 권위와 연결되어 있지. 그래서 우리는 학교 선생님의 권위를 인정하고 존중하는 것에서 출발해야 해.

오랫동안 우리 사회가 권위주의에 시달리다 보니 권위주의에 염증을 느끼고 그것을 청산하려는 움직임이 있는 것은 바람직한 모습이야. 하지만 이 과정에서 정당하게 인정되어야 하는 권위마저 무시하지 않도록 주의해야 해. 하나님이 허락하신 정당한 권위가 훼손되고 함부로 무시되면 결국 사회가 무질서에 빠지면서 모두가 손해를 입는 거야.

선생님은 요즘 학교에서 선생님들의 권위를 잘 인정하지 않는 분위기가 우려스럽단다. 선생님에 대한 호칭을 제대로 사용하지도 않고 이름을 함부로 부르는 것이나, 선생님의 지시에 따르지 않는 것을 영웅시하는 분위기도 나쁜 현상이야. 하나님을 믿는 학생은 선생님이 어떤 분이든 하나님이 학교 제도를 세우시고 그 가운데 교사를 세우셨음을 명심해야 해. 그리고 부모의 권위를 위임받아 학생들을 교육하는 사람으로 교사를 세웠다는 믿음에 근거해서 생각해야 해. 그러면 선생님을 자연스레 존경하고 그 권위를 인정하려고 하겠지.

일상은 훈련의 연속이야

권위를 인정한다 해도 문제는 선생님의 모습이 온전하지 않다는 것이겠지. 매사에 선생님이 학생들에게 존경심이 우러나오는 행동을 한다면 아무런 문제가 되지 않겠지? 그런데 실제로 학교에선 많은 선생님들이 학생들의 존경을 받기 힘든 행동을 할 때가 많아. 또 일부 선생님들은 상식에 어긋나는 행동을 하기도 해. 이 때문에 문제가 되는 거겠지?

학생들은 문제가 발생했을 때 이런 반응을 하기 쉬워.

"그러니까 나는 선생님을 존경할 수 없어."

"그런 행동을 하는 선생님을 보니까 그 가르침을 들을

가치도 없어."

자연스러운 반응일 수도 있지만, 이건 믿음의 반응도 지혜로운 반응도 아니야. 실제로 많은 아이들이 선생님의 인격적 허물이나 약점을 빌미 삼아 선생님의 권위를 무시하곤 하지. 나아가 그 수업마저 잘 듣지 않는 경우가 많아. 그렇지만 그 손해는 결국 본인에게 돌아와 나중에 후회하게 되지.

성경은 모든 사람이 죄인이고 약점이 있다고 가르친단다. 선생님들도 예외가 아니겠지? 그렇기에 하나님을 믿는 학생들은 선생님의 인격적 약점과 허물에 부딪혔을 때 무조건 선생님의 권위를 무시할 것이 아니라 권위와 인격적 약점을 구분하는 훈련을 해야 해.

예를 들어 어떤 선생님이 쉽게 화를 내고 아이들을 차별한다고 해보자. 교사로서 인격이 부족하고 부적절한 행동이지. 이럴 경우 분명하게 판단하는 것은 좋아.

'선생님이 화를 자제하고 차별을 하지 않으시면 좋을 텐데……. 이런 부분에서 선생님은 문제가 많으시구나.'

그렇지만 이런 부분을 제외한 선생님의 다른 정당한 가르침에 대해서는 권위를 인정해야 해. 그러니까 아무리 차별이 심한 선생님이더라도 그분이 주변에 떨어진 휴지를 주으라고 했을 때, 그 지시에 대한 권위는 인정해야겠지. 당연히 그분이 가르치는 수업에 대해서도 권위를 인정해야겠지.

물론 사람은 감정적으로 반응하기 쉬워. 하지만 우리는 의지적으로 마음을 다스리려고 노력해야 해. 왜냐하면 이런 노력은 우리가 살아가는 삶에서 중요한 훈련의 한 부분이기 때문이야.

학교뿐 아니라 이후 살아갈 사회에도 다양한 형태의 권위가 존재해. 기본적으로 하나님이 그 사회의 질서를 유지하기 위해 정당하게 부여하신 권위라고 할 수 있지. 앞서 말했듯이, 모든 권위는 완벽하지 않고 상당 부분 오염되어 있어. 인간이 타락한 결과라고 할 수 있지. 손상된 권위 아래 생활하기 때문에 하나님이 주신 본질적인 권위와 어떻게 구분해서 대응할지 학창 시절부터 꾸준히 훈련해야 해. 하나님이 우리에게 공부 못지않게 이러한 훈련을 요구하는 것이 아닐까 생각해.

14. 부당한 권위에
어떻게 대응해야 하나요?

선생님, 저는 지금까지 '선생님의 권위'라는 말은 조선 시대에나 사용되던 구태의연한 표현이라고 생각해 왔어요. 그런데 그것이 하나님의 원리에 근거한 표현이라니 놀랍네요. 우리가 어떤 선생님의 잘못된 모습을 보면서 권위를 무시하는 것도 타락한 본성에서 나온 것일 수 있다는 사실도 놀라웠어요.

선생님께 약점과 허물이 있다 해도 선생님의 권위 자체를 부정해서는 안 된다는 말도 처음에는 받아들이기 어려웠지만 곰곰이 생각해 보니 맞는 말 같아요. 만약 제가 생각했던 것처럼 아무런 약점이 없는 선생님의 권위만 인정한다면 이 세상에 권위를 인정할 수 있는 선생님은 아무도 없을 거라는 생각이 드네요.

그렇지만 선생님의 권위 자체를 부정해서는 안 된다는 말이 선생님의 잘못된 모습을 발견하더라도 무조건 수용하라는 말은 아니겠죠? 선생님의 약점이나 잘못도 정도의 차이가 있을 테니 우리가 수용할 수 있는 잘못도 있고, 수용할 수 없는 잘못도 있을 것 같은데요? 제 생각에는 선생님의 잘못의 심각성 여하에 따라 우리의 반응이 달라야 할 것 같은데, 아닌가요?

그리고 또 하나, 선생님의 잘못을 발견했을 때 선생님의 권위를 무시하지 않으면서 저의 정당성을 드러낼

수 있는 방법은 없을까요? 제가 선생님께 예의를 갖출
수는 있지만 제 속에 있는 정당함이 인정되지 않는다
면 제가 너무 비참해질 것 같아요.

아, 참. 그리고 지난번 편지에서 선생님이 예로 들었던
그 제자의 경우 그 문제를 어떻게 풀어갔나요? 갑자
기 궁금해지네요.

쉽지 않겠지만 예의 바르게!

지수야! 우선 선생님에게 약점과 허물이 있다 해도 선생님의 권위 전체를 부정해서는 안 된다는 이야기에 공감을 표해 주어 고맙구나. 실제로 이것이 쉽게 행동으로 옮겨지지는 않겠지만 옳다는 생각이 들었기에 기도하면서 노력하겠다는 말이 감사하게 다가왔단다.

사실 선생님에게도 어려운 부분이야. 학교에서 선생님들은 교장 선생님의 권위 아래 있지. 선생님들도 교장 선생님의 인격과 리더십의 한계 때문에 힘들어하는 경우가 많단다. 그래서 때로는 교장 선생님의 지시에 반대하는 의견을 교직원 회의 시간에 공개적으로 발표하기도 하지. 또 도무지 양심상 받아들일 수 없는 지시에 대해서는 거부하기도 한단다. 이 경우 당연히 교장 선생님께 불려가 혼이 나고, 서로 얼굴을 붉히며 소리를 높이기도 한단다.

이런 경우까지 당하면 정말 교장 선생님의 권위를 인정하기 힘들더구나. 그래서 하나님이 학교의 대표로 세운 교장 선생님의 본질적인 권위까지도 다 부정하게 되더구나. 심지어 교장 선생님의 얼굴이 보기 싫어서 멀리서 교장 선생님이 보이면 다른 길로 돌아간 적도 있단다.

그렇지만 하나님 앞에 나아가 이 문제로 기도할 때 그 행동이 옳지 않다는 생각이 들더구나. 그래서 이후 교장 선생님의 의견에 반대하면서 충돌은 계속 있었지만, 인간적으로는 더 반갑게 인사하고 모든 면에서 예의를 갖추려고 노력했지. 연말에는 예쁜 성탄 카드를 보내면서, 교장 선생님께 항의하고 충돌하는 과정에서 있었을지도 모르는 무례함에 대한 용서를 구하기도 했어. 인격과 의지로 한 것이 아니라, 하나님이 주시는 힘으로 한 것이지.

자유로운 대화 창구의 필요

다음으로 네 질문들을 한번 보자. 우선 선생님의 인격적인 약점이나 허물도 정도의 차이가 있고, 그것이 얼마나 심각한지에 따라 대응이 달라야 하지 않겠느냐는 것이었지? 예리한 질문이구나. 지금까지 선생님의 인격적인 약점과 허물을 발견하더라도 선생님에게 주어진 권위 전체를 부정해서는 안 된다고 거듭 이야기했지. 그렇게 반복해 이야기한 까닭은 우리가 이 부분에서 실수를 많이 하기 때문이야. 그렇다면 선생님의 손상된 인격, 즉 선생님의 인격적 약점이나 허물은 어떻게 해야 할까.

선생님은 한국의 교육에서 '정의'에 대한 교육이 빠진 것이 가장 심각한 문제라고 생각해. 한국은 전통적으로 어른이 중심이었기 때문에 아이들의 생각이나 느낌을 존중하지 않았어. 그러다 보니 아이들이 화가 나고 정의감에 손상을 느끼고, 인격적인 모욕을 받더라도 어른들은 아이들의 감정이나 느낌을 거의 받아들이지 않았지. 학교에서는 물론이고 집에 와서 이야기를 하더라도 이런 반응이 돌아오기 일쑤였지.

"네가 잘못했으니까 그랬겠지? 선생님이 어련히 알아서 했겠니?"

최근에는 분위기가 많이 바뀌었어. 아이들이 자신이 느끼는 부당함이나 선생님의 잘못에 대해 인터넷이나 소셜네트워크 서비스(SNS)를 통해 이야기하기도 해. 그런데 이 경우는 공식적인 교육 현장 가운데 자유로운 장(場)이 열렸다기보다는, 기존의 학교 규율이 무너지고 새로운 규율이 없는 가운데서 아이들이 사적 통로로 감정을 무분별하게 표출하고 있는 거지. 그러다 보니 또 다른 문제를 야기할 우려가 있어.

학생들이 교사 혹은 학교가 하는 일에 부당하거나 정의롭지 못하다는 생각이 들 경우 자연스럽게 이야기할 수 있는 분위기가 형성되거나 공식적으로 말할 수 있는 다양한

장이 필요한 게 사실이야. 앞으로 우리 교육이 이런 방향으로 나아가야겠지.

지금까지 해왔던 것처럼, 아이들의 정의감을 억누르는 방향으로 나간다면 우리 교육은 아이들에게 불의한 일에 침묵하거나 굴종하는 자세만 계속 심어 주게 될 거야. 또 최근의 흐름처럼 사적인 방식으로 감정을 표출하는 흐름이 무질서하게 이어진다면 우리 교육은 질서를 잃게 되겠지. 이 둘 모두 바람직한 방향은 아니야.

한 호흡 멈추고 지혜롭게!

지금과 같은 과도기에 그리스도인 학생들이 선생님의 잘못된 모습이나 학교의 부당한 지시로 인해 정의감이 손상될 때 어떻게 반응해야 할까? 앞에서 말한 '권위의 원리'와 '정의의 원리'를 고려해서 각 상황에 맞는 지혜를 간구해야 할 거야.

지혜의 한 측면은, 감정을 최대한 자제하고 이성적으로 접근하는 거야. 자신도 모르게 감정이 불쑥 표출되면 자칫 선생님에게 무례한 행동으로 보일 수 있어. 선생님이 무례한 행동에 기분이 상하면 학생이 제기하는 문제의 본질이 파악

되기 어려워지지. 그러니까 지혜롭게 접근해야 하는 거야.

물론 사람의 감정이란 잘 통제되지 않기 때문에 쉬운 일은 아니야. 사람은 누구나 감정 때문에 실수하기 쉽고 감정이 앞서 일을 그르치기도 해. 이 점을 감안하면 한순간 감정을 드러내기보다는 그 순간을 넘기는 것이 현명하겠지. 이후 선생님도 학생도 감정이 어느 정도 정리되면 그때 학생은 느꼈던 감정을 정리해서 선생님께 이야기하는 것이 좋겠지.

지혜의 또 다른 측면은, 잘못됐다고 판단되는 선생님의 행동이 과연 어느 정도 잘못된 것인지 정확하게 판단해야 하는 거야. 정확한 판단을 해야 지혜롭고 적절한 대응책을 찾을 수 있거든.

예를 들어 선생님이 학생을 차별한다고 느낄 때 혼자만 느끼는 것인지, 아니면 친구들도 다 같이 느끼고 있는지가 중요해. 또 선생님의 차별이 간단한 말로 조금씩 표현되는 정도인지, 아니면 수행평가 성적 등 학생들에 대한 평가에 부당하게 영향을 미치는 정도인지 등도 판단해야겠지. 그래서 그 상황에 따라 참고 넘어가는 것이 좋은지, 아니면 선생님과 조용히 이야기할 기회가 있을 때 개인적으로 이야기하는 것이 좋은지, 혹 공적으로 문제를 제기해야 할지 등을 판단해야 할 거야.

이렇게 이야기해도 뭔가 명확하지 않을 거야. 사건마다

다르게 다가오고 각 상황마다 문제가 미묘하기 때문에 딱 부러진 답을 말하기는 곤란해. 이 점은 지수 너도 이해할 수 있을 거야.

사과하고 사과받기

이제 지난번 편지에서 영어 선생님과 갈등을 빚었던 학생의 경우를 선생님이 어떻게 풀어 갔는지 이야기해 보자꾸나.

그 경우는 선생님이 먼저 원인 제공을 한 셈이지. 만약 선생님이 그 학생에게 다른 학생들과 똑같이 한 대를 때렸다면 그 학생도 충분히 수긍했을 거야. 그런데 평소 선생님은 그 학생의 태도를 곱지 않게 봐왔기에 자기도 모르게 두 대를 때린 거겠지. 한편 그 학생이 다른 친구들과 달리 두 대를 맞은 데서 오는 차별감과 자존심의 손상을 참았다가 나중에 다른 기회에 이야기했다면 문제가 커지지는 않았겠지. 그 학생은 자기도 모르게 억울하고 분한 감정을 "에이 씨"라는 말과 표정으로 표현한 거고, 교사는 이 말을 자신뿐 아니라 다른 학생들이 들었기 때문에 더 감정이 상해서 교사의 권위가 실추되는 것을 방치할 수 없었을 거야. 그래서 다시 그 학생에게 매를 댄 거지. 그리고 악순환이 되풀이되었고…….

　　나중에 그 학생을 불러 이야기해 보니 마음의 상처를 크게 받았고 분노가 가득 차 있더구나. 선생님은 그 학생에게 일단 영어 선생님이 먼저 잘못한 것임을 분명히 이야기했어. 그러니까 그 학생의 손상된 정의감과 자존심을 세워 주는 일을 한 것이지. 그 다음, 학생이 아무리 억울한 일을 당했다 하더라도 교사에게 "에이 씨"라고 말하는 것은 잘못된 반응임을 이야기했어. 학생은 선생님의 잘못된 행동에 자신도 모르게 나온 반응이라며 항변했지만 그 사실 자체만 놓고 보면 옳은 행동은 아니라고 수긍했어. 그래서 선생님은 영어 선생님이 먼저 잘못한 그 행동은 제쳐두고 학생으로서 교사에게 "에이 씨"라고 반응한 것 하나만 놓고 영어 선생님께 사과하라고 권했지. 물론 설득이 쉽지는 않았어.

　　결국 선생님의 설득을 받아들여 그 학생이 영어 선생님께 먼저 사과했어. 그리고 2주 정도 지나서 그 학생에게 영어 선생님께 편지를 쓰도록 제안했어. 억울했던 면과 힘들었던 면을 자세히 써서 영어 선생님께 전달했지. 이후 영어 선생님이 그 학생에게 선생님으로서 잘못했던 부분을 사과하면서 문제를 풀었지.

　　이 상황은 선생님이 적절히 중재할 수 있었기 때문에

좋게 풀린 셈이지. 그런데 선생님 같은 중재자가 없다면 어떻게 상황을 풀어 가야 할까? 앞에서 선생님이 제시한 '권위의 원리', '정의의 원리', '지혜의 원리' 등을 잘 생각해서 문제를 풀어 가면 많은 도움이 될 거야. 완벽하게는 아니지만 최소한 작은 문제를 크게 키우지는 않을 테고, 갈등과 상처를 최소화할 수 있을 거야.

일상적인 작은 감정의 충돌이나 실망, 정의감이 손상되는 문제 등에 대해서도 지혜롭게 풀어 가면서 스스로 성숙해 가길 바래.

15. 왕따 당하기 싫어 왕따 시켜요!

선생님, 오늘은 친구 관계에 대해 이야기하려고 해요. 선생님도 잘 알다시피 요즘 아이들은 친구 관계에 민감해요. 혹시나 자신이 왕따를 당하지 않을까 하는 두려움이 많아요. 그러다 보니 자신이 왕따를 당하지 않기 위해 의도적으로 한두 명의 아이를 찍어서 왕따를 시켜요. 그러고는 친구들을 선동해요.

저는 가급적이면 몇 명의 아이들과 친한 그룹을 형성하지 않고 두루두루 친하게 지내려고 노력하지만 쉽지가 않아요. 그리고 친구들이 특정한 아이를 찍어서 왕따를 시키려고 하면 저는 거기 동참하지 않으려고 하거든요. 하지만 이러다가 제가 왕따를 당하지 않을까 늘 두려워요. 🖋

친구는 하나님의 선물

지수야! 친구 관계는 부모님이나 선생님 관계보다 훨씬 다양하고 복잡한 것 같아. 네 또래 청소년기 아이들에게는 어떤 관계보다 중요한 것이지.

선생님은 학생들과 친구와 관련된 이야기를 할 때 '친구는 하나님의 선물이다'라는 말로 설명하기를 좋아해. 추상적인 말 같지만 우리 삶에 친구의 의미, 친구와의 관계에서 유의해야 할 점 등이 다 들어 있지.

'친구는 하나님의 선물'이라고 하는 건 노력해서 친구를 얻어야 하고 우정을 가꿔야 하는 측면도 있지만, 그 전에 자신의 됨됨이와 노력에 관계없이 주어진다는 의미에서야. 지금 친한 친구, 그리고 이전에 친했던 친구들을 한번 생각해 봐. 그 친구들을 어떻게 만나게 되었니? 대부분 어느 학교에 입학하거나 반에 편성되어서 만나지 않았니? 같은 학교, 같은 반에서 만난 것이 우연이라고 생각하니? 아니야. 하나님이 십수 년 동안 그 친구를 다른 곳에서 예비해 놓았다가 때가 되어서 우리 앞에 두신 것이지. 이런 게 선물이 아니고 무엇이겠니?

또 친구를 사귀고 우정을 쌓아 온 과정을 한번 살펴봐. 친구와 우정을 유지하기 위해 우리 자신이 한 노력도 있겠지만 그 친구가 우리의 여러 실수와 허물에도 친구로 남아 준 부분이 더 많을 거야. 이런 의미에서도 친구는 하나님의 선물이지 않니?

우리에게 친구를 허락하신 하나님께 감사드리자. 지금 함께하고 있는 친구들에게도 물론이겠지. 친구를 위한 기도도 잊지 말자꾸나. 또 하나님이 늘 좋은 친구를 허락해 주시도록, 현재 허락하신 친구들과의 우정을 지켜 주시도록 기도하렴. 나아가 주변 친구들이 가진 여러 문제들을 가지고 기도해 주는 것도 좋겠지?

하나님이 친구를 허락하신 목적

하나님이 친구라는 선물을 주신 목적이 무엇일까? 우정이란 성품을 우리에게 주셔서 우리로 하여금 우정을 누리게 하시는 것 자체가 목적일 거야. 잘 알다시피 하나님은 한 분이시지만 동시에 세 분이시기도 하잖아. 그 세 분이 서로 사랑과 우정을 나누는 존재로 계시지. 하나님의 형상의 본질 중 하나인 '우정'을 하나님의 형상대로 지음 받은 우리에게 약간이라도 맛보도록 늘 부어 주시는 거지.

하나님이 우리에게 친구를 선물로 주신 또 다른 목적은 우리 자신을 제대로 보게 하시고 다듬어 가기 위한 것이라고 할 수 있어. 사람이 자신의 신체를 보려면 거울이 필요하잖아. 그런데 자신의 내면을 보려면 다른 사람을 통해 비추어 볼 수밖에 없어. 다른 사람이란 부모님이나 선생님도 포함되지만 친구가 가장 선명한 거울일 수 있어. 그래서 친구를 사귀다 보면 서로 잘 맞아서 좋을 때도 있지만 이런저런 이유로 부딪칠 때도 있지. 그럴 때마다 우리는 '아! 사람이 이렇게 다르구나' 하고 느끼지. 그러면서 자신을 객관적으로 바라볼 수 있게 돼. 물론 다른 사람과 다른 자신을 발견했다고 해서 자신을 다 버리고 친구에게 맞춰야 하는 것은 아니야. 오히려 그 친구와 다른 '나'만의 특징을 발견하고 감사하며 잘 가꾸어 가야 해. 하지만 인격의 부족한 면들을 발견했다면 반성하고 다듬어 가야겠지.

다른 사람의 연약함을 품는 훈련을 하게 하는 것도 중요한 목적일 거야. 어차피 사람은 다 연약하고 이러한 연약함을 서로 품고 도우면서 사는 것이 인생의 본질이거든. 그런데 이런 훈련은 하루아침에 되는 것이 아니야. 인간은 자기중심성이 강해서 자신과 다른 면을 접할 때 '도무지 이해할 수 없다'며 배척하려 들지. 하지만 하나님은 우리가 '우정'이란 이름으로 다른 사람의 다르고 연약한 면들을 품는 훈련을 하게 하신단다.

성장을 돕고 선한 가치를 추구하렴

한편 친구가 하나님의 선물이라는 믿음은 또 다른 측면에서 친구 관계와 우정을 절대시하지 않도록 우리를 도와주지. 무슨 말이냐고? 친구 관계나 우정은 소중한 가치지만 절대적인 가치는 아니라는 뜻이야. 즉, 우정의 내용이 중요하다는 거지. 친구와 우정을 나누되 서로의 성장을 돕고 선한 가치를 추구해 가는 것이 하나님의 뜻이라는 말이야. 그런데 우정이 서로의 올바른 성장을 방해하거나 나쁜 가치를 추구할 때도 있어. 안타깝지만 우정도 타락의 영향을 받으니까 말이야.

친구랑 사귀다 보면 친구가 나쁜 길로 빠지는 것을 볼 때도 있을 거야. 그럴 때는 우정이 깨질 각오를 하더라도 그 친구가 나쁜 길에서 빠져나와 바른 길로 가도록 조언해야 해. 혹 친구들이 뭉쳐서 나쁜 일을 도모할 때도 있지. 혼자면 두려워서 감히 못 할 일도 여럿이 모이면 담력을 얻어 과감하게 저지를 때도 있어. 혼자 반대하면 겁쟁이나 배신자라고 따돌림을 당할까 두려워하지 말고 정직하고 단호하게 반대해야 해.

최근 선생님이 안타깝게 생각하는 것은, 자신이 따돌림 당하지 않으려고 미리 한 친구를 찍어서 따돌리는 경우야. 요즘은 형제가 많지 않다 보니 학교에서 만나는 친구 한 명 한 명이 참 소중하지. 그래서 그 친구 관계에서 따돌림을 당할지도 모른다는 두려움이 크게 작용하는 것 같아. 그러다 보니 먼저 다른 친구를 따돌리지 않으면 자신이 따돌림 당할지도 모른다는 두려움이 왕따 문화를 만들어 내더구나. 왕따 당하는 친구에게 얼마나 큰 상처를 입히는지, 하나님 앞에서 얼마나 무서운 죄인지 미처 생각하지 못하고 말이야.

지수야! 이러한 세태일수록 하나님이 친구 관계의 주인 이시고, 진정한 우정은 하나님이 선물로 주시는 것임을 명심해야 해. 혹 친구의 잘못을 염려해 충고하다가 그 친구와의 우정이 깨어질 수도 있겠지. 친구들이 모여서 집단적으로 나쁜 행동을 하려고 할 때, 혼자 반대하다 그 무리에 들지 못하고 왕따를 당할 수도 있을 거야. 심한 경우에는 폭력을 당하기도 하겠지. 왕따가 되지 않기 위해 먼저 한 친구를 왕따 시키자는 분위기에 반대하거나, 왕따 당하는 친구의 친구가 되어 주려다가 잘난 체한다는 비난을 받거나 오히려 왕따가 될 수도 있을 거야.

지수야! 어쩌면 이러한 세태가 오늘날 그리스도인 학생

들이 져야 할 십자가가 아닐까? 어떤 경우에도 하나님은 우리를 버리시지 않는다는 것을 믿고 선한 가치를 추구하렴. 친구 관계로 인한 아픔을 가지고 기도할 때 하나님은 너를 위로하시고 그 어떤 친구도 줄 수 없는 우정으로 너의 친구가 되어 주실 거야. 또한 학교생활 가운데 더 좋은 친구와 우정을 쌓도록 귀한 선물을 주실 거야.

지수야! 알다시피 인간의 우정은 얼마나 연약하고 한계가 많고 깨어지기 쉬운지 몰라. 자신이 왕따가 되지 않으려고 약한 친구 하나를 왕따시키는 무리들을 가만히 봐. 그들은 그 안에서 서로 믿지 못하기 때문에 또 다른 문제가 생기고, 또 그 내부의 한 친구를 왕따시키는 것으로 이어지는 경우가 많아. 그 친구들이 서로 친한 것 같지만 그것은 왜곡된 우정이고 타락한 우정일 뿐이야. 하나님께 속한 본질적인 우정이 주는 기쁨이 없는 거지.

그렇지만 그 친구들을 미워하거나 무조건 나쁘다고 판단해선 안 돼. 그 친구들이 그렇게 행동하는 것은 내면에 두려움이 있기 때문이야. 우정의 주인되시는 하나님에 대한 진정한 믿음이 없어서 그렇지. 하나님의 사랑을 맛보고 그 사랑이 우리 안에 거해야만 모든 두려움을 내쫓을 수 있는 거야. 참 평안과 자신감이 생기고, 두려움 없이 다른 친구들을 제대로 사랑할 수 있고, 참된 우정을 가꾸어 갈 수 있는 거지. 우리, 하나님이 그 친구들을 불쌍히 여기시고 그 친구들 내면에 있는 두려움을 내쫓아 달라고 기도하자.

평화를 일구는 사람

지수야! 하나님은 우리가 어디에 있든 우리를 평화를 만드는 자로 부르셨어. 그래서 우리의 시선은 몇몇 친한 친구에게만 머물러서는 안 돼. 친한 친구들과의 우정을 소중히 여기되 학급에서 소외된 친구나 왕따를 당하는 친구가 있으면 그들을 돌아보고 친구가 되어 주려고 해야 해. 혹 학급에서 주먹을 휘두르거나 폭력을 가하는 친구가 있다면, 그들도 두려워하거나 미워만 할 것이 아니라 불쌍히 여기고 그러한 행동에서 벗어나도록 기도해 줘야 할 거야.

우리나라 학교 현실에서 쉽지 않은 일이지. 그래서 선생님은 같은 뜻을 가진 친구들과 기도 모임을 만들라는 제안을 하고 싶어. 새 학년이 될 때마다 학교 내에서 평화를 만들어 가는 일을 함께할 수 있는 믿음의 친구를 달라고 기도해 보렴. 이런 친구를 단 한 명이라도 만나면 기도 모임을 만들어 봐. 이후 교내 기독 동아리로 발전할 수도 있겠지만 그렇지 않더라도 자신이 속한 바로 그곳에서 같은 뜻을 가진 친구와, 학교와 친구들을 위한 기도 모임을 만드는 것은 하나님이 정말 기뻐하시는 일이야. 하나님은 분명 그 작은 모임을 축복의 통로로 사용하실 거야. 예수님의 이 약속의 말씀을 한번 붙들어 보렴.

"두세 사람이 내 이름으로 모인 그곳에 나도 함께하겠다."

16. 이성 친구를
어떻게 대해야 하나요?

선생님, 지난번 편지를 통해 친구 관계와 관련해서 제 내면에 있는 두려움을 발견할 수 있었어요. 이제부터는 친구 관계의 주인이 하나님이시라는 믿음으로 제 내면의 두려움과 싸워 가야겠어요.

그런데 선생님, 조금 다른 문제이긴 하지만 이성 친구들과의 관계는 어떻게 해야 할까요? 저는 지금 이성 친구를 사귀지는 않지만, 제 주변에는 이성 친구를 사귀는 아이들이 많아요. 물론 저도 마음속으로 좋아하는 아이는 있고요. 그리고 저도 앞으로 이성 친구를 사귀고 싶은데, 미리 선생님께 조언을 듣고 싶어요.

사람 대 사람으로 마주하기

　지수야! 지난번 편지에 선생님이 친구 관계와 우정에 대해 쓴 글이 네 중심을 잡는 데 도움이 되었다는 답장을 받고 고마웠어. 사실 구체적인 친구 관계에는 다양하고 복잡한 문제들이 많기 때문에 모든 문제를 관통할 수 있는 중심을 이야기해 줄 수 있으면 좋겠다는 생각을 했었거든.

　네가 이번 편지에서 물어보았듯, 친구 관계에서 이성 친구와의 관계 문제가 빠질 수 없겠지. 어차피 학교에서든 교회에서든 우리가 만나는 사람의 절반은 이성이잖니. 이성과 어떻게 관계를 맺고 지낼 것인가 하는 문제는 그만큼 중요하지. 더구나 사춘기 때는 이성에 대한 관심이 커질 시기이니 이성 친구 문제는 꼭 짚고 넘어가야겠지.

　이성 친구와의 관계는, 그냥 친구로 지내는 관계와 서로 이성적인 감정을 나누며 사귀는 관계가 있어. 이 둘 중 그냥 친구로 지내는 관계가 더 중요하기 때문에 이 점부터 한번 생각해 보자.

　초등학교 저학년 때까지는 이성에 대한 구분이 별로 없이 같이 어울려 지내지. 그러다가 초등학교 고학년이 되고 성정체성에 대한 자각이 생기면서 이성을 무조건 멀리하는 단계가 오지. 이 시기에는 다른 이성에 대해 멀리하는 동시에 호기심과 끌리는 마음이 생기게 마련이야. 그렇지만 동성 친구들을 의식해서 이성 친구들을 놀리거나 짓궂게 구는 것으로 자신의 모순된 감정을 표현하지.

중학생이 되면 개인에 따라 정도의 차이는 있지만 자신의 성정체성을 분명히 인식하면서도 이성에 대해 균형 잡힌 시각으로 편하게 대하는 아이들이 늘기 시작해. 그렇지만 이성을 제대로 이해하지 못해 실수도 많이 하고 다투기도 하지. 그러면서 이성을 어떻게 이해할지 경험을 통해 배워 가는 것 같아.

이런 과정은 매우 중요해. 왜냐하면 이 세상의 절반은 남자고 또 절반은 여자이기 때문이야. 우리는 모든 영역에서 이 절반의 이성을 만나 같이 일하며 살아야 해. 그렇기 때문에 자기 자신과 이성에 대해 이해하지 못하고 함께 일해 가는 법을 익히지 못하면, 실패할 수밖에 없는 것이지.

더 중요한 것은, 대다수 사람들은 나중에 결혼하고 가정을 이루잖아. 남편과 아내로 하나가 되고 서로 돕는 배필로 사랑을 성숙시켜 가는 과정은 인생의 행복에서 절대적이지. 아무리 다른 영역에서 성공을 거둔다 하더라도 가정에서 배우자와 사랑의 관계를 잘 맺어 가지 못한다면 그 인생은 결코 성공했다고 볼 수 없으며 행복을 누릴 수도 없어.

공통점과 차이점 인정하기

선생님이 학교나 교회에서 친구로 만나는 이성 친구들과의 관계에 대해 거창한 의미 부여를 했다고 생각하면 안돼. 실제로 삶이란, 일정한 나이가 됐다고 해서 갑자기 그에 걸맞은 능력이 생기는 게 아니야. 어렸을 때부터 주어진 삶을 충실하게 살고 사랑하는 가운데서 삶의 능력이 생기는 것이지.

이성 친구와의 관계에서도 가장 중요한 자세는 한 인간으로서 상대방을 존중하는 거야. 상대방을 존중한다는 것은 '나' 위주로 생각하고 판단하는 것이 아니라 상대방의 느낌이나 반응을 세심하게 살피고 소중하게 여기는 자세를 말해. 굳이 이성 친구에 대해서뿐 아니라 모든 관계에서 중요하지만, 특별히 이성 친구와의 관계에서도 기본이 되는 것이야.

또한 이성 친구를 대할 때 주의할 점은, 모든 인간의 공통적인 특성과 남자와 여자가 고유하게 갖는 특성을 잘 구분해야 하는 것이야. 쉬울 것 같지만 실은 대부분의 사람이 잘 못하는 부분이지.

우리는 '남자(여자)는 이럴 거야' 혹은 '남자(여자)는 이래야 해, 이렇게 하면 안 되지'라는 식으로 생각하지. 그런데 이러한 부분은 사실 남자나 여자에 관계없이 인간이 공통으로 지닌 특징과 관련된 거야. 반면 '뭐 그런 걸 가지고 그래. 별 일 아닌데……'라고 생각하는 부분들은 오히려 대부분의 남자나 여자가 특별하게 다르게 반응하는 부분들이 많다는 걸 말해 주지. 그래서 남자나 여자에 대해 잘 안다는 생각을 버리고 배운다는 자세로 서로의 반응들에 대해 좀더 주의를 기울일 필요가 있어.

이뿐 아니라 한 가지 더 주의할 점은, 같은 남자와 여자라 하더라도 남성과 여성의 특성으로만 설명하려고 해서는 안 되는 거야. 사람은 다 개인차가 있기 때문이지. 그래서 사람을 볼 때 기본적으로 남자 혹은 여자가 갖는 특성을 고려하되, 개인차가 있음을 늘 기억해야 해.

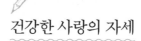

건강한 사랑의 자세

이제 특정 이성 친구에게 특별한 사랑의 감정을 느끼거나 그 사랑을 고백하고 사귀는 경우를 생각해 보자. 어제까지만 해도 아무런 감정 없이 그야말로 한 사람의 친구로 지내던 이성에게 오늘 갑자기 이성적인 감정이 느껴지는 경험은 누구에게나 일어날 수 있는 자연스런 것이지. 어떤 면에서 하나님이 주신 선물이기도 하고 말이야. 흔히들 이런 감정을 느끼더라도 마음속에만 간직하지. 그러다가 자연스럽게 사라지기도 하고. 사랑의 감정을 표현하지 않고 마음속에만 간직하는 경우도 아름답다고 할 수 있어. 그 감정을 꼭 표현해야 한다고 생각할 필요는 없어.

하지만 사랑의 감정을 마음속에만 간직하지 않고 상대방에게 표현하는 경우도 있겠지. 이 과정도 자연스러운 것이지. 그런데 이때 주의해야 할 점은, 자신의 감정에 취해 상대방에 대한 배려를 소홀히 해서는 안 된다는 거야. 즉, 상대방은 그 감정을 받아들일 준비가 되어 있지 않거나 부담스러워할 수도 있어. 이럴 때는 상대방을 기다리거나 좋아하는 감정을 마음속에 간직해야 하지. 그러지 않고 상대방의 상황과 무관하게 일방적으로 좋아하는 감정을 계속 표현하는 것은 진정한 사랑이라고 할 수 없어. 이것이 지나치면 스토킹이 되고 폭력이 되는 거야. "열 번 찍어 안 넘어가는 나무 없다"는 식의 태도는 사실 바람직한 게 아니야. 특별히 그리스도인은 하나님이 상대방에게도 같은 마음을 주지 않았을 경우 하나님을 신뢰함으로 기다리거나 마음을 접는 책임있는 자세를 가져야 해.

한편 상대방이 좋아하는 감정을 받아들여서 교제를 시작했을 때는 많은 주의와 기도가 필요해. 어느 한 사람을 특별하게 사랑하게 되고, 그 사람의 특별한 사랑을 받는 경험을 하는 것은 하나님이 인간에게 허락하신 특별한 은총이지. 그리고 이 경험은 우리 인생에서 소중한 자산이 되며 우리를 성숙하게 한단다.

하지만 아무리 주의하더라도 하나님을 의지하지 않으면 많은 상처와 손실을 입을 수도 있어. 우선 사귐과 사랑이 영원하지 않고 일시적일 수밖에 없다는 전제를 늘 염두에 둬야 해. 관계를 소홀히 하라는 것이 아니라 언젠가 이 사랑이 끝날 수도 있지만 주님이 허락하신 시간 동안 최선을 다해 사랑하겠다는 생각을 하라는 거야.

사랑이란 기본적으로 '독점'을 전제한 것이긴 하지만 그렇다고 해서 사랑이라는 이름으로 상대방을 지나치게 구속하거나 제한하지 않도록 주의해야 해. 사귐과 사랑으로 인해 청소년기에 해야 할 일을 소홀히 한다거나 다른 친구와의 관계를 가볍게 여기는 게 아니라 오히려 자신에게 주어진 일상의 공부와 관계를 더 충실히 감당하도록 격려하는 것이 건강한 사랑이란다. 요컨대 상대방의 모든 것을 독점하려는 자신의 욕심과 싸우면서 진정한 사랑의 의미를 생각하며 하나님께 지혜와 힘을 간구해야 하는 거지.

이성 간 신체 접촉 주의보!

이성 관계에서 특별히 주의할 점은 신체 접촉에 관한 것이야. 서로 사랑하게 되면 둘만의 시간과 공간을 갖기 원하지. 그러다 보면 신체적인 접촉으로 나아가기가 쉬워. 또 신체 접촉은 성관계로 나아갈 우려도 있어.

특히 요즘에는 결혼하지 않은 이성의 사귐에서 신체 접촉과 성관계를 너무 쉽게 허용하는 분위기잖아. 아니, 허용 정도가 아니라 신체 접촉을 어느 선까지 했느냐로 관계의 친밀함을 가늠하기까지 하지. 심지어 이를 부추기는 위험하고 반성경적인 문화도 있잖아.

요즘 아이들에게 많은 영향을 미치는 연예인들을 보면 아이를 임신한 상태에서 결혼하는 것이 마치 대세인 것처럼 비쳐지지. 청소년들의 가치관을 혼란하게 만드는 이런 분위기를 대할 때마다 염려스럽고 마음이 아파.

성경은 결혼의 테두리 안에서 이루어지는 모든 신체 접촉과 성관계는 하나님의 창조를 실현하는 매우 아름다운 것으로 인정하지. 하지만 결혼 전에 이루어지는 신체 접촉과 성관계는 죄로 규정하고 있어. 물론 연인 사이에 가벼운 신체 접촉은 사랑의 표현으로 여겨지지만 이런 부분도 청소년 시기에는 피하는 것이 좋아. 인간은 연약한 존재이기 때문이야.

　지수야! 세상 모든 문제가 그렇지만 이성교제도 아름다운 부분과 위험한 부분, 그 양면이 있어. 어느 누구도 이런 위험을 주의하면서 아름다움만 추구할 자신이 있다며 자만할 수 없지. 그러니까 어떤 상황에서든 주님을 의지하렴. 우리의 연약함을 주께서 제어해 주시고, 건강하고 아름다운 관계로 인도해 주시길 함께 간구하자.

3부
—
정체성

나는 나답게

17. 나는 누구인가요?

선생님, 선생님도 저만 할 때 자신을 향해 '나는 누구인가?'라는 질문을 많이 던지셨어요? 저는 요즘 부쩍 '나는 누구인가?'라는 생각을 많이 해요. 그런데 친구들에게 이 이야기를 했더니 의외로 이런 질문을 잘 하지 않는 친구들도 꽤 있더라고요. 어떤 친구들은 '나는 나지, 뭐야?'라고 하는데 참, 할 말이 없더군요.

그런데 개별적으로 이야기해 보니 저처럼 '나는 누구인가?'라는 질문을 하는 친구들이 더 많은 것 같긴 해요. 그리고 같은 질문을 해도 어떤 친구는 그냥 스쳐 지나가는 생각으로 하는데, 어떤 친구는 아주 심각하게 이 질문을 하기도 하더라고요. 그 친구에겐 무언가 답을 해주어야 할 것 같은데, 저도 답이 없으니 아무 말도 못해주었어요. 선생님, 저나 그 친구처럼 '나는 누구인가'라는 질문을 던지는 친구들에게 어떤 답을 해줄 수 있나요?

존재의 가치를 찾아가는 여정

지수야, 오늘 질문은 좀 어렵구나. 그런데 선생님이 네 또래 아이들을 지도해 보면 이 질문을 하지 않고 그냥 지나가는 아이는 없는 것 같더라. 물론 아이마다 사고력이 성숙해 가는 속도가 달라서 지금 하지 않고 나중에 하는 아이도 있을 거야. 그렇지만 그 아이도 자기 삶 가운데 반드시 한 번 이상 묻는 시기가 올 거야. 그만큼 이 질문은 사람이면 반드시 해결하고 넘어가야 할 중요한 질문이라고 할 수 있어.

그래서 우선 선생님이 이전에 가르친 제자가 '나는 누구인가?'라는 제목으로 쓴 글을 같이 읽어 보자. 그러면 우리가 던지고 있는 이 질문이 과연 무엇을 묻고 있는 질문인지 더욱 분명하게 느낄 수 있을 거야.

직업은 학생, 19○○년 ○월 ○○일 생, 이름은 ○○○, 남자, 약간 뚱뚱, 항상 말썽을 부림, 성적은 보통, 청운중학교에 재학 중.
나를 설명하는 말들이다. 하지만 이것이 과연 나의 전부일까? 오늘 문득 초등학교 졸업 앨범을 보았다. 이런 말 하기는 부끄럽지만 나도 좋아하던 여자 아이가 있었다. 3학년 때부터 6학년까지 4년간 같은 반이었지만 딱 한 번 말을 해보았다. 그때가 참 좋았던 것 같다. 그 이야기는 그만두고, 지금은 여자 친구는 고사하고 내 고민을 털어 놓을 만한 남자 친구도 한 명 없다.

예전에 나는 아이들에게 돈이라면 돈, 물건이라면 물건을 아낌없이 주었고 청소까지 대신 해준 적도 있다. 그러나 언제부턴가 아이들에게 냉정해졌고 나밖에 모르는 아이로 변해 버렸다. 고쳐야지 하면서도 막상 어떤 상황에 놓이면 나도 모르게 그런 아이가 되고 만다.

어떨 때는 친구에게 고민을 말해야지 생각하면서도 '내가 말하면 저 애가 비웃겠지'라는 생각이 든다. 나도 이런 내가 싫다. 이제는 '처음부터 다시 시작했으면', '다시 태어났으면', 심지어 '여자로 태어났으면' 하는 생각도 든다.

앞일을 생각하니 막막하고 걱정이 되며, 생각을 안 하자니 겁이 나고 어찌해야 할지 모르겠다. 이번 소풍도 친구가 없어서 어떤 아이하고 같이 어울려야 할지 걱정이 된다.

내일 모레가 음악 시험이다. 이대로 시간이 멈췄으면 하는 생각이 들기도 한다. 물론 노력해야겠지만 그것도 내 뜻대로 되지 않는다. 오늘도 이렇게 하루를 보내고 나니 하루가 끝났다는 게 안심이 되고, 한편으론 내일 일을 생각하니 걱정이 앞선다. 아…… 어디론가 사라져 버렸으면.

지수야! 이제 선생님이 질문을 하나 할게. 너는 '나는 누구인가?'라는 질문을 주로 언제 하니? 흔히들 네 또래 친구들은 '시험 성적이 잘 나오지 않았을 때', '엄마한테 혼났을 때', '이성 친구한테 차였을 때', '친구한테 배신당했을 때' 등이라고 이야기하더구나. 너도 크게 다르지 않을 거라 생각한다.

네 또래 친구들의 이야기를 종합해 볼 때 '나는 누구인가?'라는 질문은, 자신이 처한 조건이나 자신을 둘러싼 객관적인 환경에 대해 묻는 질문은 아닌 것 같아. 저 친구의 글에서도 '나는 누구인가?'라는 질문 앞에 먼저 자신을 둘러싼 객관적인 조건을 나열한 후 이것이 과연 자신의 전부인지 의문을 제기하지. 그리고 초등학교 시절 좋아하던 여자 친구 이야기를 하면서 주변에 털어놓고 이야기하거나 자신을 이해해 줄 만한 친구가 없다는 말을 길게 하고 있지.

대개 사람들이 '나는 누구인가?'라는 질문을 던질 때 이 질문의 진정한 의미는 뭘까? 아마도 '이 세상에 있는 모습 그대로 나를 사랑해 주는 사람이 한 명이라도 있을까?', '나는 과연 살 가치가 있는 인간인가?', '오늘 내가 죽는다면 진정으로 슬퍼해 줄 사람이 몇 명이나 있을까?' 등을 묻는 거라고 할 수 있겠지. 이 질문에 대해 '다른 사람은 몰라도 나는 너를 사랑해', '네가 아무리 잘못하고 실수해도 나는 너를 믿어', '나한테는 네가 최고야!'라고 답하는 사람이 한 명이라도 있다는 믿음과 확신이 있어야 할 거야. 지수야, 너는 어떠니?

나와 너, 나와 그것

유대인 철학자 마르틴 부버의 《나와 너》라는 책이 있어. 이 책에서 부버는 사람들의 관계를 둘로 나누어서 보고 있어. 그러니까 '나와 그것'이라는 관계와, '나와 너'의 관계로 보는 거지. 짐작할 수 있겠지만 '나와 그것'의 관계란 알고 지내기는 하지만 특별한 인격적인 교감이 없는 관계를 뜻해. 그리고 '나와 너'의 관계란 서로 깊은 관심으로 사랑을 주고받는 인격적인 관계를 뜻하지.

우리가 아무리 많은 사람들과 알고 지내더라도 '나와 너'의 관계로 지내는 사람이 없고, '나와 그것'의 관계로만 지낸다면 그 사람은 자신의 삶을 찾지 못한 거란다. '나와 너'의 관계를 맺어 갈 때 그 속에서 삶의 의미를 발견할 수 있는 거야. 혹시 김춘수 시인의 〈꽃〉이라는 시 알고 있니? 널리 알려진 시니까 지수도 기억할 거야. 함께 감상해 보자.

내가 그의 이름을 불러 주기 전에는
그는 다만
하나의 몸짓에 지나지 않았다.

내가 그의 이름을 불러 주었을 때
그는 나에게로 와서
꽃이 되었다.

내가 그의 이름을 불러 준 것처럼
나의 이 빛깔과 향기에 알맞은
누가 나의 이름을 불러다오.
그에게로 가서 나도
그의 꽃이 되고 싶다.

우리는 모두
무엇이 되고 싶다
너는 나에게 나는 너에게
잊혀지지 않는 하나의 눈짓이 되고 싶다.

김춘수 시인은 일제강점기에 대학을 졸업하고 경남 마
산중학교 국어 선생님으로 근무했어. 어느 날 새로 부임한

예쁜 여자 선생님이 선생님 옆자리에 앉게 됐는데 서로 좋아하는 감정을 갖게 되었대. 그 감정을 서로 표현하진 못하고 가슴에만 간직하고 있었지.

하루는 그 여자 선생님이 출근길에 예쁜 꽃을 보고 한 묶음 사 온 거야. 이 꽃을 꽃병에 꽂은 후 김춘수 선생님 책상 위에 올려 주고 싶은 마음이 간절했지만, 주위 사람들에게 사랑의 감정이 알려질까 봐 김춘수 선생님과 자신의 책상 가운데 올려놓았대. 얼마 후 김춘수 선생님이 교무실에 들어와 꽃병이 자기 자리도 아니고 옆자리도 아닌 가운데 놓여 있는 것을 보았지. 김춘수 선생님은 그 꽃병이 자기 책상 위에 있는 것보다 오히려 더 큰 의미가 있다고 생각했대. 그래서 그 꽃을 보고 시를 한 편 써서 여자 선생님에게 전해 주었는데, 그 시가 바로 〈꽃〉이야.

어떠니? 사랑의 감정과 그 본질에 대한 느낌이 오니? 그런데 이 시는 남녀 간의 사랑만을 이야기하는 건 아니야. 4연에 나타나 있듯이 모든 사람의 마음속에 있는 그리움을 이야기하고 있어. 이 그리움은 하나님이 인간을 창조할 때 마음속에 심어 주신 것이지. 나아가 하나님의 형상의 한 부분이라고도 할 수 있어.

나는 너다

누구나 사람은 다른 이에게 의미 있는 존재가 되고 싶은 욕망이 있어. 그 사람과 '나와 너'의 관계에 있을 때 비로소 '나'가 되는 거야. 이렇게 다른 누군가의 '너'가 되지 않으면 결코 진정한 '나'가 되지 못하는 거지.

진정한 '나'가 되지 못한 사람은 방황하게 돼. 누군가의 '너'가 됨을 통해 진정한 '나'가 되려는 추구는 나이에 관계없이 인생의 어느 시기에나 있어. 그런데 특별히 너와 같은 사춘기 때 강렬하게 표출된단다. 사춘기는 부모로부터 독립된 인격이 되어 가는 시기기 때문이지.

따라서 너와 같은 사춘기 때 '나는 누구인가?'라는 의문이 자주 들더라도 이상할 게 없어. 답도 없는 질문을 던져 쓸데없이 시간을 낭비한다는 생각을 할 필요도 없지. 오히려 이런 질문이 생기는 것 자체가 하나님의 선물이라고 생각하렴. 그리고 이 질문에 대해 정직하게 답을 찾아가려고 노력하렴. 중요한 것은, 이 질문의 본질이 다른 무엇이 아닌 '내' 삶에서 특별한 의미를 지닌 '너'를 발견함을 통해 진정한 '나'를 찾아가는 과정임을 아는 거지. 이 점에 정확하게 초점을 맞출 필요가 있어. 그래야만 '나'를 찾아가는 너의 방황이 진정 의미 있는 여정이 될 거야. 그럼 이 여정이 지수 너를 성장시켜 가길 바랄게. 🖋

18. 내가 은혜의
    존재라고요?

선생님, 지난번 선생님의 편지를 읽고는 무언가 한 대 얻어 맞은 느낌이었어요. 그동안 '나'를 알고 제 마음과 중심을 잡기 위해서는 스스로를 들여다봐야 한다고 생각해 왔거든요. 주변 사람들과의 관계는 이 문제와 전혀 관계없다고 생각해 왔고요.

그런데 주변 사람들과의 관계에서 제 자신을 봐야 진정한 '나'를 발견할 수 있다는 말씀을 들으니, 제 주변에 있는 사람들이 새롭게 보여요.

실제로 제 주변 사람 한 명 한 명을 떠올리면서 그 사람과 나의 관계가 '나와 너'의 관계인지, '나와 그것'의 관계인지 생각해 보기도 했어요.

선생님, 주변 사람들과의 관계에서 진정한 '나'를 발견할 수 있다는 말에 동의해요. 그러나 한편으론 주변 사람들은 저를 힘들게 하고 실망시킬 때도 많아요. 오히려 주변 사람들과의 관계 때문에 제 마음이 중심을 잡지 못하고 더 혼란에 빠지는 경우도 많으니까요.

값없이 베풀어 준 사랑의 존재들

지수야! 지난번 편지를 받고 네 주변을 둘러보았다고 했지? 그리고 주변 사람들 한 사람 한 사람을 떠올리며 그 사람과 '나와 너'의 관계를 맺고 있는지, 아니면 '나와 그것'의 관계를 맺고 있는지 생각해 보았다고 했지? 네가 어떤 생각에 이르게 되었는지 궁금하구나.

주변 사람들과의 관계를 모두 '나와 너', '나와 그것'의 관계로 딱 잘라 나누기는 쉽지 않단다. 그리고 이 개념 자체가 주변 사람들과의 관계를 나누라고 주어진 것도 아니란다. 하지만 이 개념으로 주변 사람을 떠올려 보면 부족한 '나'에게 '너'로 다가와 그 '너'가 되기 위해 노력하고 애쓴 사람이 많다는 것을 알 수 있을 거야.

우리 주변의 많은 사람들이 '나'의 '너'가 되기 위해 노력하는 것은, 우리 자신이 인정받을 만한 자격이 있거나 그만큼 잘났거나 그에 걸맞은 노력을 했기 때문이 아니야. 오히려 주변 사람들에게 사랑받을 자격이 없음에도 그들이 먼저 우리에게 다가왔음에 감사해야지. 우리 자신의 부족한 인격으로 실수하고 잘못할 때도 그들이 기다려 주고 용서해 주고 가까이 다가왔음을 느낄 수 있을 거야. 바로 부모님도, 친구들도, 선생님들도 우리 주변의 고마운 분들이지.

지수야! 진정으로 자신이 누구인지 발견한 사람은 자신이 '은혜의 존재'임을 깨달은 사람이라고 할 수 있어. 즉, 자신은 다른 사람의 사랑을 받을 만큼 잘났거나 자격이 있는 사람이 아님에도, 주변 사람들이 먼저 다가와 사랑해 주었기에 오늘날 자신이 존재할 수 있음을 깨달은 사람이지.

주변 사람들이 값없이 베풀어 준 사랑 가운데 자신이 존재한다는 것을 아는 사람은 더 이상 자신에게만 머물러 있지 않아. 물론 자신에게도 해결해야 할 문제가 많긴 하겠지만 오히려 주변을 돌아보지. 혹 주변에 사랑을 받지 못했거나 깨닫지 못해서 자신을 발견하지 못해 힘들어하는 사람이 없는지 돌아보게 되는 거야.

나와 너의 관계성

사람은 '나'에게 은혜로 다가와 '너'가 되어 준 사람들 덕분에 '나'를 발견하고, '나'를 찾은 사람은 또 다른 사람의 '너'가 되기 위해 나아가는 거야. 이렇게 다른 사람의 '너'가 되어 주기 위해 노력하는 과정에서 우리는 좀더 온전한 '나'로 성장하는 거야. 이것이 하나님의 형상으로 지음 받은 인간의 본질이지. 자신에게만 집중하고 왜 자신을 사랑해 주지 않느냐고 소리칠수록 자신을 더 발견할 수 없는 거야. 오히려 자신의 연약함과 여러 문제에도 불구하고 다른 사람의 '너'가 되어 주고 사랑하기 위해 나아갈 때 진정한 '나'를 발견하고 확장해 갈 수 있는 거지.

하지만 사람들이 다른 사람의 도움을 통해 '나'가 되고, 또 다른 사람의 '너'가 되어 주기 위해 노력하는 과정은 결코 쉬운 게 아니고 아름답게만 전개되는 것도 아니야. 사람은 근본적으로 죄인이고 연약하기 때문에 서로의 관계 가운데는 아픔도 있고 좌절도 많아. 어떤 때는 가장 소중한 '너'라고 생각하는 바로 그 사람 때문에 크게 절망하지. 그래서 '나'의 존재 자체가 흔들리는 경험을 하기도 해. 또 '너'라는 관계를 유지하기 위해 억지로 '나'를 위장해야 하는 경우도 있지.

그렇기 때문에 연약하고 한계가 많은 사람들 사이의 '나와 너'의 관계를 감싸 줄 수 있는, 영원히 흔들리지 않는 새로운 '나와 너'의 관계가 필요한 거야. 이와 관련된 시 한 편을 소개할게.

나는 누구인가?

나는 누구인가?
남들은 종종 내게 말하기를
감방에서 나오는 나의 모습이
어찌나 침착하고 명랑하고 확고한지
마치 성에서 나오는 영주 같다는데

나는 누구인가?
남들은 종종 내게 말하기를
간수들과 대화하는 내 모습이
어찌나 자유롭고 사근사근하고 밝은지
마치 내가 명령하는 것 같다는데

나는 누구인가?
남들은 또 내게 말하기를
불행한 나날을 견디는 모습이
어찌나 한결같고 벙글거리고 당당한지
늘 승리하는 투사 같다는데

남들이 말하는 내가 참 나인가?
스스로 아는 내가 참인가?
새장에 갇힌 새처럼 불안하고 그립고 병약한 나
목 졸린 사슴처럼 숨을 쉬려고 버둥거리는 나
빛깔과 꽃, 새 소리에 주리고
따스한 말과 인정에 목말라 하는 나
방자함과 사소한 모욕에도 치를 떠는 나
석방의 날을 학수고대하며 서성거리는 나
멀리 있는 친구의 신변을 무력하게 걱정하는 나
기도에도, 생각에도, 일에도 지쳐 공허한 나
풀이 죽어 작별을 준비하는 나인데

나는 누구인가?
이것이 나인가? 저것이 나인가?
오늘은 이 사람이고 내일은 저 사람인가?
이 둘 다 나인가?
사람들 앞에서 허세를 부리고, 자신 앞에선 한없이
우는 소리 잘하는 겁쟁이인가?
내 속에 남아 있는 것은
이미 거둔 승리 앞에서 꽁무니를 빼는 패잔병인가?

나는 누구인가?
이 적막한 물음은 나를 끝없이
희롱한다.
내가 누구인지
나를 아는 이는 오직 당신뿐
나는 당신의 것이외다.
오! 하나님.

이 시는 나치 히틀러 시대에 살았던 본회퍼라는 목사님
이 쓰신 거야. 히틀러가 유대인을 학살하고 세계 평화를 위
협하는 것을 보면서 히틀러 암살 계획을 세웠다가 발각되어
결국 감옥에서 죽음을 맞이한 분이지. 우리나라로 치면 안
중근 의사 같은 분이라고 할 수 있지.

나치 정권 당시 독일 사람들은 모두 히틀러의 기세에
눌려 협조하거나 벌벌 떨었어. 그때 과감하게 반기를 들고
감옥에 드나들면서도 본회퍼 목사님은 히틀러를 두려워하
지 않으시는 것처럼 보였어. 그 모습을 보면서 사람들은 많
은 용기를 얻었지. 그렇지만 이 시를 보면 정작 본회퍼 목사
님은 홀로 있을 때 자신이 얼마나 두려워하고 외로워하는지
를 말하고 있어. 과연 남들이 보는 자신과 자신이 보는 자신
사이에서 어떤 것이 진정한 자신의 모습인지를 묻고 있지?

상황이나 정도는 다르지만 이런 모습은 우리가 지금 겪고 있는 문제일 거야. 이러한 문제에 대한 답은 우리가 처음에 '나는 누구인가?'라는 질문을 던졌을 때와 마찬가지로 논리적인 해명에 있지 않아. 오히려 나 스스로 어떤 이중적인 모습이 있든, 스스로 어떤 모순을 안고 있든, 자신이 주변 사람들 사이에서 어떤 한계에 직면해 있든, 하나님은 있는 모습 그대로 우리를 이해하고 품어 주신다는 믿음에 우리 자신을 맡겨야 하는 거지. 하나님의 품에 안겨 그분의 따뜻한 체온을 느낄 때 해소될 수 있는 거야.

마르틴 부버는《나와 너》끝부분에서 '영원한 너'를 이야기하고 있어. 우리가 다른 사람들과의 관계 속에서 '나'를 발견하고 또 다른 사람들이 그 자신을 발견하도록 도와 가면서 살지만, 이런 관계는 늘 한계가 있고 제한적이며 많은 문제를 내포하고 있다는 거야. 그렇다고 이런 관계 안에서 자신을 발견하고 서로를 돕는 노력이 의미가 없다는 이야기는 결코 아니야. 제한적이고 한계가 많은 우리의 관계가 영원하신 하나님의 품 안에 있을 때 비로소 온전해지고, 그 자신도 온전해진다는 거야.

'영원한 너'와 함께하렴

우리 삶의 주인 되신 하나님은 많은 사람들과의 관계 속에 우리를 보내시고, 그 가운데서 우리가 사랑받으며, 그 사랑을 다른 이에게 주면서 온전히 하나님의 사람으로 자라가길 원하시지. 하지만 우리를 그 사람들 사이의 관계에만 머물게 하지는 않으셔. 우리가 관계에서 느끼는 어려움과 사람들이 채워 줄 수 없는 근원적인 한계와 고독을 가지고 하나님께 나아와 하나님의 사랑 안에서 답을 얻기를 원하시지. 그리고 하나님의 사랑 안에서 얻은 에너지와 그 능력으로 우리에게 주신 사람들을 사랑하길 원하시는 거야.

하나님을 '영원한 너'로 삼은 우리가 얼마나 복된 사람인지, 지수 너도 살아갈수록 더 간절히 느낄 수 있을 거야.

19. 지난 시절,
되돌릴 수 있을까요?

선생님, 지난번 편지에서 선생님이 하신 '은혜의 존재'라든지 '영원한 너'라는 말은 정말 멋진 표현이에요. 저 자신을 '은혜의 존재'라고 하니까 제 주변 사람들이 감사하게 다가오고, 하나님도 '영원한 너'라고 하니까 훨씬 더 가깝게 느껴져요.

그리고 나를 둘러싼 외적 조건이 아니라 내가 주변 사람들을 얼마나 사랑하고 있고, 또 얼마나 사랑받고 있는가 하는 것이 '나는 누구인가?'에 대한 진정한 답이라는 사실도 감사하게 다가왔어요.

하지만 선생님, 그렇다고 해서 저를 둘러싼 외적인 조건이 중요하지 않은 건 아닌 것 같아요. 특별히 저를 둘러싼 조건 가운데 어렵고 힘든 상황들을 어떻게 대해야 하는 것인가 하는 것은 제게 늘 어려운 문제예요. 선생님 말씀대로 내 주변 사람들이 제게 '은혜의 존재'로 다가오고, 또 하나님이 늘 저의 '영원한 너'가 된다고 해서 좋은 일만 생기는 것은 아니고 어려운 일도 늘 생기는 것이니까요. 길지 않지만 제가 살아 온 시간들을 돌아보면 좋은 기억만 있는 것은 아니에요. 후회되는 일도 많고, 처음부터 다시 시작하면 좋겠다는 생각이 드는 경우도 많아요. 이런 생각을 할 때마다 제 존재가 흔들리기도 해요.

선생님, 저뿐 아니라 다른 사람들도 저와 비슷하겠죠?
다른 사람들은 이런 힘든 상황을 어떻게 극복하는 걸
까요?

네 잘못이 아니란다

지수야! 지난번 선생님의 편지를 받고 하나님을 향한 너의 신앙을 돌아보는 계기가 되었다고 했지? 그동안 하나님은 '나'와는 너무 멀리 떨어져 있고, 너무 위대하셔서 그 관계를 생각해 보기조차 힘들었는데 하나님이 '나'의 '영원한 너'가 되신다는 사실이 큰 힘이 된다는 이야기를 했지? 맞아! 하나님이 '영원한 너'로 우리를 사랑해 주신다는 이 한 가지 사실만 붙들어도 어떠한 어려운 상황에서도 우리 존재가 흔들리는 일은 없을 거야.

너는 이런 질문을 했지. 선생님이 이야기한 대로 '나는 누구인가?'라는 질문의 핵심은 '나'를 이루는 외적인 조건이 아니라, 주변 사람들과의 관계 속에서 얼마나 사랑받고 있는가 하는 것임은 인정한다고. 하지만 그 외적인 조건 역시 중요한 부분이 아닌가 한다고 말이야.

맞아, 지수야! 현재 네 모습은 어느 순간에 그냥 생긴 것이 아니라 네가 태어나서 15년 이상의 시간 동안 살아 온 삶의 결과란다. 그렇기 때문에 과거의 네 삶과 너를 둘러싼 조건들을 어떻게 이해하고 받아들이느냐 하는 것이 오늘을 사는 네가 누구이고 또 어떻게 살아갈지 정하는 데 중요하지.

그런데 지난 삶을 돌아볼 때 가장 먼저 부딪히는 문제는, 삶 가운데 네가 선택하지 않고 그냥 주어진 것들이 많다는 거야. 어떤 면에서 우리 삶에서 중요한 문제일수록 우리가 선택한 것이 아닐지도 몰라. 우리는 부모님을 선택한 적이 없고, 가정 형편을 선택한 적도 없잖아? 그 외에 어릴 적 우리 자신을 힘들게 했던 많은 경험들도 우리의 선택과 관계없이 주어지고 그냥 닥친 일들이 많을 거야.

네 자신이 선택했든 하지 않았든, 지금 네 삶을 너무도 많이 규정하고 있는 이 환경들에 대해 가장 먼저 생각해야 할 것은 '그렇기 때문에 내 잘못이 아니야'라고 선언하는 거야. 따지고 보면 엄마 아빠가 많이 싸워서 사이가 좋지 않은 문제든, 집안이 가난한 문제든, 네 잘못은 아니야. 얼굴이 못생겼거나, 키가 너무 작다거나, 공부에 재능이 많지 않은 것도 네 잘못은 아니야.

그럼 누구 잘못이냐고? 부모님 잘못이냐고? 아니, 누구 잘못인지를 따지자고 하는 이야기가 아니야. 네가 끌어안고 힘들어하는 문제 가운데 네가 선택했거나 네 잘못으로 생긴 문제가 아니라면 그 문제로 죄책감이나 열등감에 빠질 이유가 없는 거야. 오히려 네 잘못이 아니기 때문에 그 문제로부터 좀더 자유로워지라는 거야. 그렇다고 해서 그 문제가 현재 네게 미치는 영향력이 줄어드는 것은 아니지만 좀더 거리를 두고 생각하는 게 좋단다.

약이 되는 자아성찰의 범주

그렇다면 지수야! 네 잘못으로 생긴 문제에 대해서는 어떻게 하냐고? 네 선택이나 잘못으로 현재 네게 좋지 않은 영향을 미치는 부분도 있을 거야. 어렸을 때 공부를 열심히 하지 않고 놀아서 현재 성적이 좋지 않거나, 부모님의 경고를 뿌리치고 위험한 장난을 하다가 다쳐서 어려움을 겪고 있을 수도 있겠지. 이런 경우에는 자신의 잘못을 깊이 반성하고 그 결과를 바로잡으려고 노력해야 해. 하지만 이런 경우에도 자신의 노력으로 극복할 수 있는 범위 내에서 반성하고 노력해야 해. 자신의 힘을 벗어난 부분까지 지나치게 문제를 끌어안고 후회와 자학에 빠져 있는 것은 건강한 모습이 아니야.

지수야! 이런 생각을 한번 해보자. 만약 지수가 강아지를 데리고 산책을 하다가 교통사고를 당했다고 하자. 그래서 지수와 강아지가 똑같이 한쪽 다리를 다쳐 병원에 누워 있을지라도 사람인 지수가 느끼는 고통과 동물인 강아지가 느끼는 고통에는 큰 차이가 있을 거야.

어떤 차이가 있냐고? 동물은 다리의 육체적인 통증만 느낄 거야. 그런데 사람은 육체적인 통증 외에 더 많은 고통을 안고 있기 마련이지. 어떤 고통이냐고? 우선 사람은 과거를 끌고 와서 고통을 더 만들어 내지.

'아! 그때 엄마가 산책 나가지 말고 공부하라고 할 때 말을 들었어야 했는데, 엄마 말 안 듣고 산책 나갔다가 이런 사고를 당했지.'

'나 혼자 나갈걸. 괜히 강아지까지 데리고 나가서 다치게 했어.'

이런 후회와 죄책감에 시달리게 되지. 게다가 자신이 아닌 다른 사람을 탓하기도 해.

'그 운전수는 나쁜 사람이야. 주택가에서는 천천히 운전해야 하는데 과속을 하고 주변을 살피지 않아서 내가 다치게 된 거야.'

이런 원망의 감정 때문에 더 힘들기도 한 거야. 이처럼 사람은 현재의 고통 외에 과거의 고통까지 끌어 와서 생각하지. 그리고 과거뿐 아니라 미래의 고통까지도 현재에 끌어오는 경우가 많아.

'지금 내가 해야 할 공부가 산더미인데, 이렇게 누워 있다니. 이번 중간고사 망치는 거 아냐?'

'내 다리가 완치될 수 있을까? 잘못해서 다리가 정상으로 돌아오지 않으면 어떻게 하지? 그리고 낫는다 하더라도 흉터는 남을 텐데 어떻게 하지?'

이렇게 불필요하게 미래에 대한 염려와 두려움을 끌어오기도 해.

과도한 책임감과 죄책감 내려놓기

생각할 수 있다는 것은 인간을 동물과 구별하는 탁월한 능력이지만, 이것이 반드시 긍정적인 영향을 미치는 것은 아니야. 앞에서 개와 사람의 비교에서 본 것처럼 사람은 자신의 잘못으로 생긴 과거의 문제든, 자신의 잘못과 관계없이 주어진 문제든, 잘 생각해서 풀어내는 경우도 있지만 오히려 문제를 크게 만드는 경우도 많아.

우리는 자신이 짊어지지 않아도 되는 책임감과 죄책감은 내려놓는 훈련을 해야 해. 내 능력을 벗어나는 부분에 대해서도 마찬가지야. 후회나 염려는 필요하지만 지나쳐서 우리 자신이 휩쓸리지 않도록 조심해야 해.

이러한 부분은 생각만으로 결코 해결되지 않고, 그 이상의 무엇이 필요해. 그게 무엇이냐고? 하나님이 이 세상의 주관자이고 우리 삶을 선하게 이끌어 가시는 목자라는 것을 인정하고 신뢰하는 믿음이야. 오늘날 우리 자신을 규정하고 우리에게 영향을 미치는 과거의 일과 환경이 모두 하나님의 주권 하에서 일어난 일임을 믿어야 해. 혹 자신에게 일어나지 않았으면 좋았을 그 많은 일들과 실수와 잘못된 선택에도 하나님의 뜻이 있는 거야. 하나님은 그 모든 것을 사용하셔서 선하게 우리를 인도하는 분이시지.

지수야! 당장 이런 질문이 가능할 거야.

"아니, 하나님이 역사의 주인이시고 내 삶을 일일이 간섭하시며 나를 자녀 삼고 사랑하시고 선하게 인도하는 분이시라면, 지금 내게 닥친 불행과 고통을 주지 않고 미리 막으시지 왜 그렇게 하지 않으셨을까요?"

"하나님이 착한 사람들을 보호해 주셔서 그들에게는 나쁜 일이 일어나지 않게 하면 좋은데, 왜 그들에게도 나쁜 일이 일어나는 것을 하나님이 막아 주시지 않는 거죠?"

이런 것들은 너만의 질문이 아니고 많은 어른들도 품고 있는 질문이야. 오랫동안 인류가 물어 온 것이기도 하지. 이 문제에 명쾌하게 답하기란 쉬운 일은 아니야. 잠시 숨을 돌리고 다음 편지에서 자세히 다루면 좋겠구나. 그 사이에 너도 이 질문에 대해 고민해 보렴. 추가 질문도 물론 환영이다! ✐

저 성적이 안 나와서 힘들어 죽겠어요 어떻게 돼죠?
제 미래는

과연 제가 직장이나 제대로 잡을 수 있을까요?
한다고 하는데, 잘 안 돼요.
엄마아빠 내가 못생겼대요. 꼭 대학을 가야 할까요?

하고 싶은게 너무 많아요 저는 화가가 되고 싶은데
예뻐지고 싶어요 엄마는 선생님이 되래요.
중간고사보단 남자친구 땜에 걱정이에요.
엄마는 내 이야기를 듣지 않아요.

20. 하나님은 왜
고통이란 걸 주신 거죠?

선생님, 지난번 편지는 무겁고 힘든 주제였는데, 선생님이 개와 사람의 비유를 통해 설명해 주셔서 재미있게 읽었어요. 그동안 저는 사람이 동물보다 모든 면에서 우월하다고 생각했는데, 고통이라는 면에서는 오히려 개가 사람보다 나은 면도 있다는 생각이 드네요. 그래서 '개 팔자가 상팔자'라고들 하는 걸까요?

지난번 편지 맨 마지막 부분에서 선생님이 했던 이야기 있죠? 하나님이 착한 사람들에게는 나쁜 일이 일어나지 않게 하시면 좋은데, 그들에게도 좋지 않은 일이 생기는 문제 말이에요. 사실 저도 가끔 나쁜 일을 당할 때 하나님을 원망하거나 의심하게 돼요.

선생님이 다음 편지에서 설명해 주신다고 하셨죠? 명쾌한 답변 기다릴게요.

상대적인 행복의 요건

지수야! 지난번 편지에서 개와 사람이 당하는 고통을 비교한 이야기를 재미있게 읽었다고 했지? 동물은 현재의 고통만 느끼지만 사람은 과거와 미래의 고통까지 느끼는 이 현상을 철학에서는 '고통의 시간성'이라고 부른단다.

여기에 덧붙여 동물과 비교하여 인간이 느끼는 고통의 중요한 특징 중의 하나는 '고통의 무의미성'이란 요소란다. 무슨 말이냐 하면, 사람은 동물과 달리 똑같은 크기의 고통이 오더라도 그 고통이 자신에게 납득이 되거나 의미 있는 고통일 경우 그 고통을 훨씬 쉽게 견디게 마련이야. 그런데 그 고통이 설명되지 않거나 의미를 알 수 없는 고통일 경우 고통의 강도를 훨씬 강하게 느끼고 견디기가 어렵다는 거야.

예를 들어 네가 매를 맞거나 혼이 나더라도 너의 명백한 잘못 때문이라면 충분히 감내할 거야. 그런데 아무런 잘못이 없는데도 매를 맞거나 혼이 났다면 마음속에 분노가 일고 그 고통을 견디기 어려운 거지.

지난번 편지에서 이야기했던 교통사고의 경우를 생각

해 보자. 그때도 우리를 가장 힘들게 하는 질문은 '하필이면 내게 왜……'였을 거야. 이어서 '왜 이런 사고가 나보다 훨씬 나쁜 짓을 많이 한 사람에게 일어나지 않고 나에게 일어난 걸까?' 하는 의문이었을 거다. 이러한 질문에 누구도 쉽게 답할 수는 없을 거야. 하지만 고통을 허락하시고 원치 않는 환경으로 우리를 인도해 가시는 하나님의 크신 뜻과 원리를 조금이라도 이해한다면, 우리는 이 세상을 훨씬 더 잘 살아 갈 수 있을 것 같구나.

지수야! 우선 전제할 것은, 선생님도 이 문제에 대해 잘 모른다는 것이란다. 그리고 선생님의 설명이 모든 사람의 모든 상황을 다 설명해 낼 수는 없는 거야. 다만 선생님의 경험의 범위 내에서 이해하고 믿는 바를 이야기할 수 있을 것 같구나.

우리네 인생은 한편으론 불공평한 것 같지만, 다른 한편으론 공평하단다. 삶의 불공평함은 네 나이만 돼도 충분히 느낄 수 있을 거다. 경제적인 면에서 볼 때 부자인 부모님을 만나 어려서부터 전혀 돈 걱정 없이 살아가는 친구들도 있는 반면, 기본적인 생계조차 해결하기 힘든 이들도 많지. 그리고 사랑 많은 부모의 보살핌을 통해 충분히 사랑을 받고 자라는 아이도 있는 반면, 사랑결핍증을 앓으며 자라는 아이들도 많지.

세상의 불공평함을 말하자면 끝도 없단다. 그런데도 선생님이 다른 한편으로 공평하다고 말하는 이유는, 경제적으로나 가정적으로 아무런 부족함이 없어 보이는 사람들에게도 또 다른 걱정과 고통이 있는 것을 많이 보아 왔기 때문이야.

선생님이 첫 번째 근무했던 학교는 서울에서 꽤 부유한 지역에 있어서 손꼽히는 재벌이나 권력층 집안의 아이들이 많이 다녔어. 그 아이들은 아무 걱정이 없을 줄 알았는데 재산도 권력도 있는 그 집안에는 경제적인 문제 외에 또 다른 문제가 많이 있더구나. 그로 인해 아이들이 느끼는 고통도 상당했지.

몇 년 전 우리나라에서 어느 재벌 그룹 총수의 막내딸이 자살을 해서 입방아에 오른 적이 있어. 보통 사람들이 부러워하는 여건을 다 갖춘 그 사람이 왜 자살을 했는지 사람들은 도무지 이해할 수 없다는 반응이었지. 하지만 그 사람에게도 다른 사람이 이해할 수 없는 고통과 아픔이 있었을 거야.

반대로 우리가 생각하는 행복의 요건을 전혀 갖추지 않아 보이는 사람들에게도 그 나름의 기쁨과 행복의 요소가 많이 있는 것을 발견할 수 있지. 식량난을 피해 탈북한 분들의 이야기를 들어 보면, 극심한 배고픔으로 북한을 탈

출했지만 그곳의 삶이 불행하기만 했다고 이야기하지 않아. 그곳에도 우정과 사랑이 있었고 추억과 웃음, 기쁨이 많았다고 고백하더구나. 중증 장애를 겪는 사람들을 볼 때 우리는 차라리 그들은 태어나지 않았으면 좋았겠다고 생각하기도 해. 하지만 장애인들을 대상으로 한 설문조사에서 90퍼센트 이상이 부모가 자신을 낙태하지 않고 태어나게 해주어서 감사하다고 응답했대. 다른 사람들이 이해할 수 없는 그들 나름의 기쁨이 있는 거지.

그렇다고 해서 객관적으로 보기에 좋지 않은 환경에 있는 사람을 방치하거나 그들에게 무관심해서는 안 되겠지. 사회가 여러 방법으로 그들을 도와야 해. 하지만 성급히 그들이 불행할 거라고 생각하는 것은 잘못된 거지.

또한 지금까지 한 설명으로도 이해할 수 없는 극단적인 불행이나 불의의 사고를 당한 사람들도 있을 거야. 마음속에 도무지 해소될 수 없는 원통함과 분노를 품고 죽음에 이르는 사람들이 있지. 반대로 사악한 짓을 했음에도 어떤 벌도 받지 않고 편안하게 죽음에 이르는 경우도 있어. 결국 그들의 죽음 이후 하나님이 공의로운 심판의 자리에서 해결하실 거라는 믿음밖에는 답이 없지.

자신이 비록 다른 사람보다 좋은 여건이 아니고, 어려운 고통을 당했다고 해서 불평과 원망으로 살아서는 안 돼. 좋

지 않은 환경이지만 하나님이 숨겨 두신 기쁨과 감사와 행
복의 요소를 찾아서 그것을 누리고 펼쳐 가는 삶을 살아야
하지. 나아가 다른 사람들을 살피고 자신이 도울 수 있는 부
분에서 선을 행해야 하고 말이야.

나를 향한 하나님의 뜻

　이해할 수 없는 삶의 불공평함 앞에서 생각해야 할 또
다른 중요한 것은, 우리 각자의 삶을 향한 하나님의 뜻이 있
다는 거야. 하나님은 모든 사람에게 똑같은 조건과 상황을
주지 않으셨지. 우리 각자에게 다른 요소와 불공평한 여건
을 주셨어. 우리 각자를 통해 하나님이 받고자 하시는 영광
의 내용이 다르기 때문일 거야.

　우리는 하나님의 선하심을 믿고 우리에게 주어진 그 한
계 가운데서 하나님의 뜻을 묻는 자세를 가져야 해.

　'하나님, 왜 내게 이런 일이 일어난 거죠?'

　'이 상황에서 내가 해야 할 일은 무엇인가요?'

　'왜 내가 그토록 간구하는 기도 제목은 이루어지지 않
고 원하지 않았던 상황이 일어난 걸까요? 하나님의 뜻은 무
엇인가요?'

지수야! 이 땅에서 삶이 끝나고 우리가 모두 하나님의 심판대 앞에 설 때 하나님은 무엇으로 우리 삶을 판단하실까? 우리가 이 땅에서 얼마나 부자로 살았고, 얼마나 높은 자리까지 가봤는지로 판단하지는 않으실 거야. 오히려 우리 각자를 세상에 태어나게 한 그 뜻을 행했느냐고 물으실 거야.

당장 우리는 이렇게 말할 수 있겠지?

"아니, 하나님! 제 삶을 향한 하나님의 뜻을 한 번도 말하지 않으셨잖아요. 저를 향한 하나님의 뜻을 분명하게 말씀해 주셨다면 그렇게 살았을 텐데, 그러신 적이 없잖아요?"

하나님은 이렇게 말씀하실 거야.

"네 삶의 고통과 불편, 네 마음대로 되지 않는 삶의 환경 가운데 내 뜻을 숨겨 두었단다. 너는 그것을 찾으려는 노력은 하지 않고 자꾸 다른 곳만 바라보고 있지 않았느냐?"

성경은 달란트 비유를 통해 삶의 의미와 우리 삶을 판단하시는 하나님의 심판 기준에 대해 말하고 있단다. 성경에서 달란트의 차이는 액수의 차이나 재능의 많고 적음만을 말하는 것은 아니야. 오히려 각자에게 주어지는 삶의 모습과 조건이 다름을 말하고 있어. 우리는 하나님이 우리 각자에게 왜 그런 모양의 달란트를 주셨는지를 생각하고, 어떻게 그 달란트로 하나님을 기쁘게 하고 이웃을 섬길 것인지를 고민해야 해.

자신이 보기에 턱없이 부족하고, 그것으로 무엇을 해야 할지 모르겠는 달란트라도 자세히 보고, 이 달란트의 의미를 주께 묻고 또 물어야 해. 그러고는 그 달란트로 할 수 있는 작은 실천들을 해나가야 해. 그렇게 할 때 하나님이 우리 각자의 삶에 주신 의미와 과제를 발견할 수 있지.

삶의 한계가 곧 복이란다

복음성가 중에서 〈똑바로 걷고 싶어요〉라는 찬양이 있어. 그 가사 가운데 이런 내용이 있지.

……주님! 이 작은 자를 통하여 어디에 쓰시려고 이렇게 초라한 모습으로 만들어 놓으셨나요?……

이 노래를 제대로 걷지도 못하고 보지도 못하는 장애인들이 부르는 것을 들었는데, 가슴이 미어지더구나. 장애인이 아니더라도 우리도 때로 우리에게 주어진 한계와 조건들 가운데서 이러한 찬양과 기도를 할 수밖에 없을 때가 많지. 하지만 이러한 한계와 조건이야말로 하나님이 우리에게 주신

복인지도 몰라.

역설적으로 들릴지 모르겠지만, 선생님은 많은 재물과 특출한 재능을 타고난 사람, 세상에서 많은 인기를 누린 사람이 복된 사람이 아닐 수도 있다고 생각해. 이들이 받은 많은 것으로 하나님과 이웃을 제대로 섬기고 자신에게 주어진 하나님의 뜻을 이루려면 얼마나 많이 수고하고 애써야겠니? 부자가 천국에 들어가는 것이 낙타가 바늘귀로 들어가는 것보다 더 어렵다는 말은 결코 과장된 비유가 아니야.

물론 하나님이 자신에게 좋은 여건을 주실 때 거절할 필요는 없겠지. 하나님이 주신 달란트와 좋은 환경 속에서 자신만을 위해서가 아니라 하나님과 이웃을 위해 살려는 마음을 품으면 돼. 하지만 하나님이 좋은 조건을 주지 않았을 때도 그것에 감사하고 주어진 한계 가운데서 하나님의 뜻을 찾으려고 애써야겠지.

지수야, 혹 감당하기 힘든 불행이 닥친다 해도 네가 해야 할 일이 무엇인지 묻는 자세를 가지렴. 힘들겠지만 그런 자세로 살아가는 것이 인생이란다. 하나님에 대한 신뢰를 놓지 않고 나아갈 때 불행 가운데 숨겨 두신 하나님의 기쁨과 선함을 누리는 복을 맛보게 될 거야. 무엇보다 천국에서 우리가 영원히 누리게 될 하나님의 예비하신 상급은, 이 땅의 행복과 불행의 기준과는 전혀 다름을 믿으면서 나아가렴.

선생님은 너를 응원해!

21. 하나님은 우리를
어떻게 인도하시나요?

선생님, 제가 비록 어리고 인생을 많이 살지는 않았지만 인생의 고통은 끝이 없다는 생각을 많이 해요. 물론 즐거운 일도 있지만 그것은 금방 지나가고, 힘든 일은 지나가면 바로 또 다른 힘든 일이 다가오는 것 같아요. 그래도 선생님 글을 읽으니 이 끊임없이 주어지는 고통을 어떻게 대해야 하는지 약간이나마 감이 오는 것 같아요.

그런데 선생님, 성경에서는 하나님이 우리의 목자이고 우리는 그분의 양이라고 표현하잖아요. 목자이신 하나님이 당신의 양인 우리를 가장 선한 길로 인도하신다고 하는데, 사실 저는 하나님이 저를 어떻게 인도해 가시는지 잘 모르겠어요. 하나님이 저를 어떻게 인도해 가시는지 알면 제 삶에 주어지는 고통을 이겨 나가는 데 큰 도움이 될 것 같아요. 하나님은 도대체 우리를 어떻게 인도하시나요?

목자의 음성을 듣고 따르라

지수야! 지난번 편지가 너에게 무거운 주제가 아니었나 염려되는구나. 어떤 사람들은 나에게 자라나는 청소년들에게 꿈과 희망을 더 많이 이야기해야지, 삶의 고통과 아픔에 대해 자꾸 이야기하면 어떻게 하냐고 한단다.

물론 삶에는 기쁨과 희망의 요소와, 고통과 불안의 요소가 뒤섞여 있지. 그런데 두 요소가 서로 비슷하게 우리 삶에 찾아온다 해도 기쁨과 희망보다는 고통과 불안이 삶에 더 많은 영향을 미치는 것이 사실이야. 그래서 자아를 정립해 가는 사춘기 시절에 삶의 고통과 아픔, 불안의 문제를 어떻게 바라보고 이해할지 배우는 것은 이후의 삶을 꾸려 나가는 데 큰 영향을 미치지.

다른 나라에 비해 한국 사회는 사춘기 청소년들에게 고통과 불안을 많이 안겨 주지. '질풍노도의 시기'라는 말이 보여 주듯, 어느 나라든 사춘기는 늘 불안하고 고민이 많은 시기이긴 해. 친구 관계나 부모로부터 독립하는 문제나 삶의 본질과 미래에 대한 불안 등, 고민과 아픔을 겪지 않고 어른이 되는 사람은 없단다.

그런데 특히 한국 청소년들은 대학 입시를 위한 공부로 다른 나라 청소년들이 이해하기 힘든 고통을 더 겪고 있지. 게다가 어른들은 아이들에게 끊임없는 불안감을 심어 주고 있어.

"이 정도 수준 이상의 대학에 가지 못하면 낙오자가 될 수밖에 없어!"

이러한 불안감에 시달리는 가운데 자신을 계속 괴롭히며 살아가야 하는 것이 한국 청소년들의 현실이지.

지수야! 아마도 하나님은 한국 청소년들에게 이런 말씀을 하고 싶을 거야.

"내가 너를 불러내었고, 네 인생을 향한 뜻을 가지고 있으며, 네 삶을 인도할 거란다."

'소명'이란 말 들어 보았지? 다른 표현으로 '부르심'이라고도 하는데, 흔히 직업과 연관하여 많이 사용하지. 그런데 성경은 '부르심'을 직업의 범위를 넘어 우리 인생 전체를 포괄하는 말로 사용해. 즉, 우리를 어둠과 죄와 사탄의 권세에서 불러내어 하나님이 원하시는 목표에까지 이끌어 가시는 전 과정을 '하나님의 부르심'이라고 해. 그리고 이 여정에서 하나님이 개입하시는 과정을 '하나님의 인도'라고 부르지.

이 세상의 풍조는 끊임없이 우리를 불안으로 몰아넣고 있지. 그 가운데 하나님이 우리를 부르셨고 인도하고 계심을 신뢰하는 것은 우리를 든든하게 하지. 마치 배를 안정감 있게 고정시키는 닻과 같은 역할을 해.

물론 하나님의 부르심과 인도에는 '하나님의 섭리'도 포함돼. 하나님의 섭리란 말은 흔히들 지금까지의 삶을 돌아보고 감사함을 고백할 때 쓰지.

"나는 하나님의 부르심이나 인도에 대한 의식 없이 그냥 살아왔는데, 돌아보니 하나님이 내 삶과 늘 함께하셨더군요."

우리가 알아채든 못 알아채든 하나님이 늘 우리 각자와 함께한다는 고백이지.

오늘 선생님이 지수와 나누고 싶은 '하나님의 인도'는, 하나님의 섭리의 개념을 넘어서는 거야. 하나님은 당신이 부르신 자녀에게 당신의 뜻을 직접 말씀해 주시고, 우리는 그 말씀에 반응하며 살아가는 거지. 마치 목자가 양을 불러 인도하고, 양은 목자의 음성을 듣고 따르듯이 말이야.

겸손으로 인도하다

어디로 갈지 몰라 불안한 우리 삶에서 하나님은 우리의 목자 되셔서 우리가 어디로 가야 할지 말씀해 주시지. 그분을 따라만 가면 된다니 얼마나 든든하고 큰 힘이 되니? 그래도 지수는 실제로 하나님이 음성을 들려주시냐고 묻고 싶겠지? 물론 직접 들려주지 않으시지. 우리는 하나님이 직접 음성을 들려주시면 좋겠다고 생각하지만 하나님은 직접적인 방법이 아닌 말씀 묵상과 기도, 설교와 주변의 조언, 마음의 확신 등의 간접적인 방법을 사용하시지. 그래서 우리는 그런 방법들을 통해 하나님의 음성을 듣는 훈련이 필요해.

그렇다면 어떻게 훈련할 수 있을까? 삶의 불안과 염려를 모두 떨쳐 버리고 하나님의 인도를 받는 삶을 산다고 할 때 우리는 두 가지를 꼭 알아야 해. 하나는 '하나님이 우리를 어디로 인도하시는가?'이고, 다른 하나는 '하나님이 우리를 어떻게 인도하시는가?'이지. 이 가운데 지수는 어느 쪽에 관심이 가니? 그리고 어느 쪽이 더 중요할 것 같니? 흔히들 '어떻게'에 관심을 갖지만, '어디로'가 더 중요하다는 것은 지수도 동의할 수 있겠니?

하나님이 우리를 '어디로' 인도하시는지에 대해 성경은 여러 가지 표현을 쓰고 있어. 그런데 선생님은 '겸손'으로 하나님이 우리를 인도하신다고 생각해. 지수도 알겠지만 아담은 하나님이 금지한 선악과를 먹음으로 타락했지. 인간이 하나님을 인정하지 않고 자기 삶의 주인이 되고, 자기 힘으로 살고자 하고, 자기가 영광을 받고자 했던 거야. 이것을 성경은 '교만'이라고 불러. 우리 하나님은 '교만'이라는 죄의 어둠에 빠진 인간을 불러내서 '겸손'으로 인도해 가시지. '교만'이라는 죄의 본성은 쉽게 없어지지 않고 끊임없이 우리를 지배하려 들기 때문에, 하나님은 여러 상황을 통해 우리를 겸손하게 하셔.

선생님의 경험담을 하나 들려줄게. 선생님이 고등학교 2학년 때 교회 중고등부 회장을 맡게 되었지. 중고등부 인원이 20-30명 정도 되는 작은 시골 교회였는데, 당시는 교역자 없이 학생들이 자율적으로 모든 활동을 했어. 그런데 내가 회장을 맡은 후 이런저런 이유로 교회 나오지 않는 아이들이 생겨나더구나. 그래서 잘 나오지 않는 아이들의 집에 심방도 가고 밤마다 하나님께 매달려 기도드리기도 했어. 어느 날 기도를 하는데 내 마음에 이런 생각이 들더라고.

'병오야! 너는 왜 그렇게 열심히 기도하니?'

그래서 곰곰이 생각했어. 솔직히 생각해 보니 내 마음 속에 교회에 잘 나오지 않는 영혼에 대한 사랑이나 교회에 대한 사랑, 하나님에 대한 사랑이 별로 없더구나. 그렇다면 내가 왜 그렇게 열심히 기도하고 심방도 했을까 생각해 보니, 바로 '내 체면' 때문이었어. 그동안의 나의 열심과 기도에는 '내가 회장인데 친구들이 많이 오고 중고등부가 부흥해야 내가 멋있게 보일 거'라는 생각이 깔려 있었던 거야. 그런데 그 반대라서 내 체면이 말이 아니라고 여긴 거지. 이것을 깨닫는 순간 하나님 앞에서 무릎 꿇고 고백했어.

"하나님, 저는 죄인입니다."

혹시 지수는 이 비슷한 경험이 있지 않니? 선생님이 인생을 살아 보니 고등부 때의 경험이 모양이나 정도는 다르지만 내 삶에서 되풀이되더구나. 그러니까 하나님은 나의 바로 이 '죄된 본성', '교만한 자아'를 다루시기 위해 내 삶 가운데 하나님을 의지하지 않으면 안 되는 상황들을 허락하시고 나를 '겸손'하게 다듬어 가시더구나.

인생에 지름길은 없단다

지수야! 삶을 바라보면서 외적으로 잘되면 하나님의 인도나 뜻이라고 생각하고, 그렇지 않으면 하나님의 인도나 뜻이 아니라고 생각해서는 안 된단다. 오히려 잘되든 안 되든 그 일을 통해 더 낮아지고 하나님만 바라보며 의지하고 하나님만 높인다면 우리 삶 가운데 하나님의 뜻이 이루어지고 있는 거란다. 반대로 일어나는 일을 통해 우리가 높임을 받고 우리 자신을 의지하고 있다면 우리는 하나님의 인도와 반대 방향으로 가고 있다고 생각해야 해.

하나님이 우리를 '어디로' 인도하실지에 대해 안테나를
잘 세우고 살아가렴. 그러면 하나님이 우리를 '어떻게' 인도
하시는지에 대해 좀더 쉽게 접근할 수 있어. 하나님이 우리
를 인도하시며 당신의 뜻을 드러내시는 방법은 묵상(QT)과
기도, 설교와 상담, 어른들의 훈계와 지도, 대화와 여러 상황
의 변화 등 매우 다양해. 우리는 여러 경건 훈련이나 일상 속
에서 어떤 변화를 감지하거나 다음 행보를 하나님께 물어보
게 되는 거지.

'아! 하나님이 지금 내가 이것을 하기 원하시는 것은 아
닐까?'

'하나님, 지금 제가 이것을 하기를 원하십니까?'

이러한 과정에서 우리 각자의 마음속에 드는 확신을 따
라 행동하고 순종하는 거지.

그런데 혹여 '하나님의 인도'라고 생각하며 내린 결정
이 하나님의 뜻에 맞지 않는 것이면 어떻게 해야 할까? 물론
그럴 경우도 많이 있어. 하지만 이것이 두려워 한 발짝도 떼
지 않고 가만히 있는 것은 오히려 하나님을 신뢰하는 태도
가 아니야. '하나님의 인도'가 아닐 거라는 우려는 늘 있지만
우리는 하나님의 인도에 가깝다고 생각되는 그 판단을 향해
나아가야 해. 왜냐하면 하나님은 한 번 말씀하시고 그 다음
우리 행동에 책임을 묻는 분이 아니라, 매일 말씀하시고 이

방법이 아니면 또 다른 방법을 통해 우리를 계속 인도하시는 분이기 때문이야. 자신의 판단이 잘못되면 언제든지 돌이킬 수 있다는 생각으로 늘 새롭게 주님의 뜻을 묻고 하나님의 인도를 구하며 살아가야 해.

작은 일에서부터 큰일에 이르기까지 하나님의 인도를 구하며 살아가는 훈련을 하다 보면, 하나님의 뜻에 좀더 근접한 삶으로 나아가게 돼. 그리고 이러한 삶이 쌓이면 우리가 하나님의 인도를 구하며 살아왔던 삶이 하나의 흐름으로 남게 되지. 이 흐름의 연속선상에서 우리 각자는 나아가야 할 큰 길을 보기 시작해. 그리고 자기 앞에 보이는 그 길을 걸어가다 보면 감당해야 할 삶의 숙제들을 볼 수 있지.

조금 어렵게 느껴지니? 하나님은 우리를 향한 당신의 뜻을 갑자기 '짠!' 하고 보이시거나, 우리가 가야 할 길에 큰 빛을 비추시는 분이 아니셔. 오히려 인생을 향한 하나님의 큰 방향(겸손)에 나침반을 맞추고, 매일의 삶 가운데서 하나님의 뜻과 인도를 분별하려고 애쓰는 마음으로 살아가는 것이 중요해. 그렇게 하나님의 인도를 받으려고 몸부림치는 일상이 쌓일 때 우리 인생 전체를 향한 하나님의 뜻이 자연스럽게 드러나게 될 거야.

지수야! 인생에 지름길이란 없어. 하나님은 특별한 방법으로 계시하는 것을 즐기는 분이 아니야. 그분은 우리에게 주어지는 모든 불안한 환경 가운데서 하나님을 신뢰하고 깨달은 만큼 우리가 순종하기를 원하셔. 한편으로는 우리가 주님의 뜻을 제대로 분별하지 못할 수 있기에 주께서 다시 말씀하시면 언제든지 돌이키겠다는 자세를 가져야 하지. 그러나 다른 한편으로는 잘못 분별했을지 모른다며 불안해하거나 염려하지 말고 하나님에 대한 신뢰의 끈을 더 강하게 붙들며 담대하게 살아가야 해. 이런 것들이 쌓여야 우리는 제대로 하나님의 인도를 받고 그분의 뜻에 맞는 합당한 삶을 살아갈 수 있는 거야.

작은 일에 충성하는 자에게 큰일을 맡긴다는 하나님의 원리를 꼭 명심하렴.

에필로그: 여행을 마무리하며

지수야! 처음 네 편지를 받고 어떻게 답장을 해야 할까 고심하던 때가 엊그제 같은데 벌써 스물한 통의 편지가 오 갔구나. 이제 편지를 매개로 한 우리의 여행을 마무리해야 할 때가 온 것 같구나. 그동안 하나님을 사랑하는 기독 학생 으로서 네 고민들을 진솔하게 이야기해 주어서 고마웠단다. 그리고 선생님이 학교 현장에서 만나는 네 또래 아이들의 마음 깊은 곳까지 들어가 볼 수 있어서 감사했단다. 그러나 한편으론 선생님의 답변이 너의 고민의 핵심을 찌르지 못하 고 뻔한 잔소리를 한 것은 아닌지 두렵기도 하구나.

선생님이 중고등학교에 다닐 때가 생각나는구나. 당시 선생님 집은 가난했단다. 단칸방에서 여섯 식구가 지내야 했 기 때문에 시험 기간이면 자기 공부방이 있는 친구 집에 가 서 공부를 하곤 했지. 처음에는 밤을 새워 공부하겠다고 다 짐하고 갔지만 제대로 집중해서 공부한 적은 별로 없었어.

친구와 이런저런 이야기를 나누다가 친구 어머니께서 끓여 주시는 라면을 먹고 졸기 일쑤였지. 그러다가 잠이 깨면 새벽이고……. 이런 생활을 반복했던 것 같아.

그런데 시험 공부가 급하면 급할수록 친구네 집 책장에 꽂혀 있던 여러 책들에 손이 가더구나. 그래서 평소에는 전혀 보지도 않던 박목월 시인의 수필집이나 《톨스토이 인생론》 등의 책을 읽으며 삶에 대한 여러 생각을 하곤 했지. 시험 기간에 친구 집을 오가며 보던 별은 또 왜 그렇게 아름답던지……. 만약 그때 했던 생각들을 기록으로 남겨 두었다면 좋았을 텐데 하는 아쉬움이 남기도 해. 그때 했던 생각의 조각들이 지금까지 기억 속에 남아 있단다. 그런 걸 생각하면 그 시절 하나님이 내게 주셨던 감수성이 참 강렬하고 특별했다는 걸 깨닫게 돼.

지수야! 오랫동안 학교와 교회에서 중고등학생들을 만나면서 아이들에게 미안한 생각이 들 때가 한두 번이 아니었어. 인생을 고민하고 미래를 꿈꾸며, 방황하고 힘들어 하면서 자기를 찾고 하나님을 만나며, 이웃과 세계를 향한 비전을 찾아가야 할 청소년들. 이 시기의 아이들을 입시와 시험에 가두고 교과서와 참고서에만 코를 박고 있으라고 강요하는 이 체계를 고치지 못하고 있으니 미안하기 그지없었어.

지수야! 비록 입시 체계가 너희를 억누르고 있지만, 하나님이 청소년들에게 더이상 감수성을 부어 주시지 않는 것은 아니야. 그리고 입시 공부를 열심히 한다고 해서 하나님이 부으시는 영적이고 정신적인 감수성에 응답할 수 없는 것도 아니고. 이러한 감수성에 마음껏 응답할 수는 없지만 틈틈이 고민하고 꿈꾸며 나누고 기도할 수 있단다. 조금 힘들긴 하겠지만 오늘을 살아가는 청소년들 각자가 하나님 앞에서 기도하면서 감당해야 할 몫이라고 생각해.

선생님이 과한 욕심을 부리는 걸까? 그렇지는 않다고 생각하는데……. 실제로 주변에서 정도의 차이는 있지만 힘든 입시 체계 가운데서도 싹을 틔우며 담쟁이가 담을 타오르듯 자라가는 아이들을 보기도 해.

선생님이 지수에게 쓴 스물한 통의 편지가 지수를 포함한 이 땅의 청소년들에게 조금이나마 도움이 되었으면 좋겠구나. 하나님이 청소년 시기에 주신 숙제들을 감당하기 위해 몸부림치며, 하나님이 주시는 감수성에 나름의 방법으로 응답해 가는 청소년들에게 힘이 되길 간절히 바란다. 그래서 지수 세대가 어른이 되었을 때는 그 후배들과 자녀들이 마음껏 상상력을 펼쳐 갈 수 있는 환경이길 꿈꾼다. 이 편지도 그런 변화를 만들어 가는 데 작은 디딤돌이 될 수 있다면 더없이 기쁠 거야.

소년들이여 야망을 가지게.
돈이나 자기를 드높이기
위해서나 명성이라고
부르는 덧없는 것들을 위해
야망을 가지지 말게.
사람으로서 마땅히 되어야
할 것을 성취하기 위하여
야망을 가지게

선생님은 너를 응원해!
Your Teacher Is Supporting for You!

지은이 정병오
펴낸곳 주식회사 홍성사
펴낸이 정애주
국효숙 김경석 김의연 김준표 박혜란 송승호 오민택
오형탁 이현주 임영주 주예경 차길환 최선경 허은

2012. 7. 30. 초판 발행   2020. 2. 28. 4쇄 발행

등록번호 제1-499호 1977. 8. 1.
주소 (04084) 서울시 마포구 양화진4길 3   전화 02) 333-5161   팩스 02) 333-5165
홈페이지 hongsungsa.com   이메일 hsbooks@hongsungsa.com
페이스북 facebook.com/hongsungsa   양화진책방 02) 333-5163

ⓒ 정병오, 2012

• 잘못된 책은 바꿔 드립니다. • 책값은 뒤표지에 있습니다.

ISBN 978-89-365-0933-0 (03230)